“国培”引领教师自主成长

——“国培”：为了教师自主成长的区域行动

（上册）

顾　　问　刘　涛　汪桂琼
主　　编　肖世林　李芝伦　熊生贵
副 主 编　罗洪彬　黄正萍　罗天斌
编写人员　肖世林　李芝伦　罗洪彬
熊生贵　黄正萍　罗天斌
张远成　陈　艳　张雪峰

西南财经大学出版社
四川·成都

图书在版编目(CIP)数据

“国培”引领教师自主成长/肖世林,李芝伦,熊生贵主编.—成都:西南财经大学出版社,2020.12
ISBN 978-7-5504-4646-5

Ⅰ.①国…　Ⅱ.①肖…②李…③熊…　Ⅲ.①农村学校—师资培养—中国—文集　Ⅳ.①G451.2-53

中国版本图书馆 CIP 数据核字(2020)第 227997 号

“国培”引领教师自主成长
主编　肖世林　李芝伦　熊生贵

责任编辑:雷静
封面设计:墨创文化
责任印制:朱曼丽

出版发行	西南财经大学出版社(四川省成都市光华村街 55 号)
网　　址	http://www.bookcj.com
电子邮件	bookcj@foxmail.com
邮政编码	610074
电　　话	028-87353785
照　　排	四川胜翔数码印务设计有限公司
印　　刷	四川新财印务有限公司
成品尺寸	145mm×210mm
印　　张	13.375
字　　数	349 千字
版　　次	2020 年 12 月第 1 版
印　　次	2020 年 12 月第 1 次印刷
书　　号	ISBN 978-7-5504-4646-5
定　　价	58.00 元

总 序

2017—2019 年，作为西部欠发达地区的四川省泸州市江阳区，承接了《“国培计划（2017）”——中西部项目县》项目，实施了全区乡村教师全覆盖培养计划。该计划包括乡村教师培训团队研修、乡村教师送教下乡、网络研修与校本研修整合、教师网络研修工作坊四个项目。在开展项目工作的过程中，我们坚持“为了每一个乡村教师的专业发展，为了每一个乡村孩子的幸福成长”的工作理念，进行整体规划、精心准备、扎实施培、不断创新、务实认真地促进每一位乡村教师发展成长。

基于对全区乡村教师现状和培训需求的调研，我们确定的“国培计划（2017）”的基本思路是：改变过去“灌输式”“要我学”的“高空喷洒”培训模式，注重“根部滴灌”，将培训重心下沉，让老师们在真实的教育情境中去做正确的事，促进乡村教师自主学习、自主发展。

我们将培训的长远目标定位于提升教育教学质量，促进学生核心素养提升，而在众多的“素养”要素中，我们尤为关注“学会学习”这一个点。而此次“国培”的内容，我们确定为：以聚焦课堂为基础展开教师教学的四大技能培养——建构教学内容的技能、设计教学的技能、课堂实施的技能、教学评价的技能。在项目实施过程中，我们既考虑综合教学技能，又突出重点，分四学期完成四项技能训练，帮助乡村教师更新教师教育观念，提升乡村教师教育教学能力，并且在这一过程中涵育师德修养。

为了实现上述目标，结合我区实际，我们将重点展开的乡村教师送教下乡、工作坊研修、网络研修与校本研修整合三个项目相互联系，将“国培”工作与日常教学教研工作和全区的教师专项培训打通设计，制定出江阳区项目实施的总体方案。方案设计按照“整体规划、主题突破、整合资源、分步推进”的原则，总体目标在于学生核心素养提升和教师教学技能提升，其中以送教下乡为重点，在实践中提高教师教育教学能力，把网络研修与工作坊研修作为补充和辅助。我们对同时参加两个项目的学员，对其学习内容、任务完成和考评考核均进行一体化要求，避免重复，避免增加学员负担。

在精心打造专家团队、构建课程、设计教学的基础上，我们采用自主参与的“实战式”培训模式，让参培教师置身于真实的教学情境中，通过真实参与和一次次研磨、锤炼，通过多方面的激励措施，切实地唤醒教师自主发展的意识，扎实地促进教师在这次系统培训中自主成长。

《“国培”：引领教师自主成长》就是基于这样的工作着力点和成果提炼立意，总结、编写的，是《“国培计划（2017）”——中西部项目县》的经验成果。

我们这一套成果的撰写与编辑，不是只把工作材料汇总、拼接起来，而是按一定的逻辑关系进行架构，从而使整套成果显现出一定的学术性和可供借鉴的经验系统性。

这套丛书共五本（本次先将前面两本分上下册出版），它们立体式、全景式地梳理与展现《“国培计划（2017）”——中西部项目县》的设计、做法及其形成的经验和获得的成果。

第一本《“国培”：为了教师自主成长的区域行动》，全局性、整体性地呈现我区实施“国培计划（2017·江阳区）”的准备、设计、计划、实施（管理）和评价等。此书主要讲“国培”引领教师自主成长的区域设计，包括目标设计、学习内容设计、操作设计、成果设计等；“国培”引领教师自主成长的区域实施，具体介绍有效开展“国培”工作的“六个四”举措；“国培”引领教师自主成长的区域评价，包括“国培”工作的过程督查及“国培”评价操作。

这一本是“国培”实施的总述性介绍。江阳区的“国培”主要体现在两个方面：乡村教师送教下乡与乡村教师工作坊研修。

第二本《“国培”：以教师工作坊承载自主研修》，介绍了在“国培计划”实施中乡村教师工作坊研修的运作，包括乡村教师工作坊研修的区域架构，乡村教师工作坊的建立、运行与评价；我区常态化的教师工作坊研修运行，具体列举了13个教师工作坊。

第三本《“国培”：在送教下乡中自主成长》，介绍了“国培计划”最大版块“送教下乡”的实施，包括送教下乡的组织与管理、教学诊断的实施、示范教学的实施、研课的实施、磨课的实施、成果展示的实施、总结提升的实施等。

第二本和第三本书与第一本书的关系是，总述之后再从两个“点”出发对“面”进行的详细展开，是对全局工作的支撑性说明。如果说“国培”的整个工作是大厦，那么送教下乡与乡村教师工作坊研修，就是这座大厦的两大顶梁柱。

第四本《“国培”：教师教学自主建模》，呈现了我区通过“国培”后，老师们自主建构起来的学科教学模式。其中，小学部分有13种教学模式，中学部分有15种教学模式。

第四本是前面三本的结果性证明，是“国培”带来的丰硕的成果之一，也是最具江阳特色的成果之一，更是“国培”催生出的一个推动课程改革的重要成果。

第五本《“国培”：我的成长故事》，主要呈现江阳区教师参加“国培”过程之中和之后的故事，共收录49个故事。

第五本是对前面四本所呈现的工作的过程性记录，是“国培”工作中的一个个特写镜头。如果说“国培”是一个鲜活的生命体，那么前四本是“骨”，这一本是“肉”。有“骨”有“肉”才是完整、鲜活的生命体。

“国培”成果的这五本书，前三本是行动，后两本是行动的结果；前三本是因，后两本是果。

《“国培计划（2017）”——中西部项目县》完成后，通过了国家相关部门的检查验收，整个工作获得了评价A级的殊荣。有关领导和专家在审查了江阳区的全部做法后，给予了高度的赞扬，称“国培”江阳经验就是四川经验，是实施“国培”计划的典范，勉励我们应该好好总结与提炼，以供全国各地在开展此项工作时能学习借鉴。基于这样的鼓励与要求，我们在前期认真工作和设计的基础上，进行了后期的深入反思与整理，从而编写、出版了这套丛书。

由于我们编写水平有限，书中难免存在一些疏漏，恳请读者不吝赐教，帮助我们不断进步。

编者

2020年8月

目　录

第一章 “国培”引领教师自主成长的区域设计

近年来，江阳区高度重视农村教师队伍建设工作，教师素质有了明显提升，但要实现我区的“全域教育高品质发展”，薄弱环节和短板在乡村。2017年，恰逢“中小学教师国家级培训计划”，我区成了“国培”项目县，怎样以“国培计划”为契机，大规模、高质量地开展农村中小学教师的培训，全面提高农村教师整体素质和能力，为我区义务教育的均衡发展提供强有力的师资保障，促进我区“全域品质教育”的建设？怎样才能防止“国培”流于形式，有效地引领乡村教师自主成长，促进乡村教育的发展？要回答这些问题，做好设计在“国培”工作中就尤为重要了。

我们采用“自上而下+自下而上”的方式，邀请了乐山师院、四川省教育科学院、新思考网的领导和专家，我区教育行政领导、各学科教研员、广大校长、教师参与论证，并结合全区乡镇教师问卷调查的数据、课堂观察的现象，对“国培”工作进行设计。我们的设计原则是：基于需求、以师为本、资源整合、产出倒逼。

第一节 “基于需求”的目标设计

泸州市江阳区现有义务教育阶段的学校49所，其中农村学校34所，占69.4%；学生70 434人，其中农村学生43 720人，占62.1%；教师3 748人，其中农村教师2 152人，占57.4%。我们基于“社会对教师专业的需求”“区域教育发展的需求”及“乡村教师专业成长的需求”三个方面，对“国培”目标进行设计。

一、社会对教师专业的需求

《中小学教师专业标准（试行）》是国家对中小学教师的基本要求，是教师开展教育教学工作的基本规范，是引领教师专业发展的基本准则。根据《中小学教师专业标准（试行）》对教师的要求，我们从三个维度，14 个领域，对全区乡村教师的“专业理念与师德”“专业知识”和“专业能力”现状做了调查。数据显示，在对教师学科教学活动所面临的 12 个问题调查中，超过三分之一的教师有以下五个问题，依次是：专业知识陈旧老化，无法激发各层次学生学习兴趣，缺乏教育学、心理学理论的支持，缺乏对新的教育教学方法的了解和运用，缺乏对多媒体信息技术手段的了解和运用。另外，近四分之一的教师在对教育教学改革信息的关注和了解，进行教学科研的意识和方法，对课堂教学各环节的调控，以及增强和指导学生自学的意识和方法等方面有欠缺。也就是说，问卷涉及教师学科教学活动困难的 12 个问题，至少有四分之一的教师存在其中的至少 11 个问题，离国家、社会对教师专业的要求还存在差距。

二、本区域教育发展的需求

江阳区地处泸州市，是该地区的政治、经济、文化中心。社会、家庭对学校教育的高期待需要有一支专业素养高的教师队伍来满足。2016 年，江阳区提出建设“高品质教育”的战略部署，然而多年以来，城乡学校教学质量差异较大从 2014—2016 年江阳区乡镇八年级平均成绩与全区比率（图 1-1）和 2016 年江阳区小学语数英三科（五年级）城乡成绩对比图（图 1-2）可以看出。

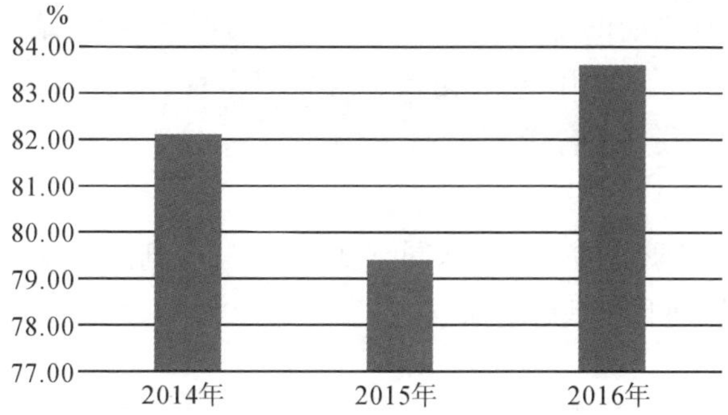

图 1-1 2014—2016 年江阳区乡镇八年级平均成绩与全区比率

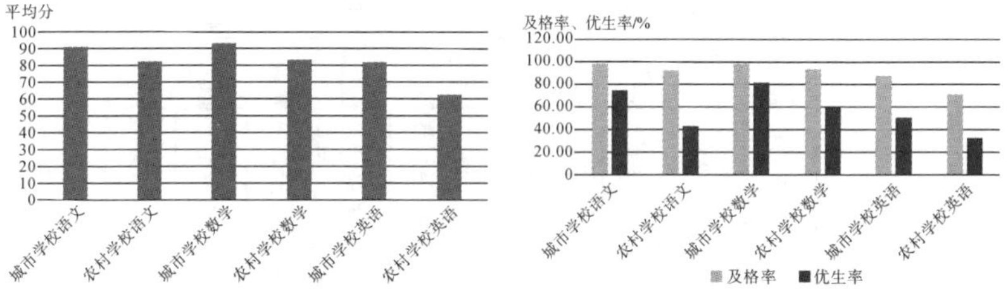

图 1-2 2016 年江阳区小学语数英三科（五年级）城乡成绩对比图

仅以中小学两个年级的教学质量为例，2014—2016 年，江阳区乡镇学校八年级总成绩与全区比率分别为：82.1%、79.4%、83.6%；2016 年，江阳区乡镇学校五年级的平均分城乡差距近 10 分，英语学科差距甚至接近 20 分，及格率城乡差距近 10%，优生率城乡差距高达 24%。由此可见，我区教育发展不均衡，城乡差距太大。江阳区建设高品质教育，缩小城乡差距迫在眉睫，扶持乡村教育，培训乡村教师，提高乡村教育质量，是我区建设高品质教育的需求。

三、乡村教师专业成长的需求

为真实了解全区中小学乡村教师的专业成长现状和培训需求，我们围绕“训什么”“怎么训”，从“教师职业理解与认同”“教师当前的学习基础”“教师对培训组织的需求”三个方面设计问题，采用问卷、访谈、观察等多种方式，对全区2 150名乡村教师、60 名学校行政及中小学所有学科教研员进行了调研。

教师对职业的理解与认同态度见图 1-3a 到图 1-3c。

1. 教师职业理解与认同

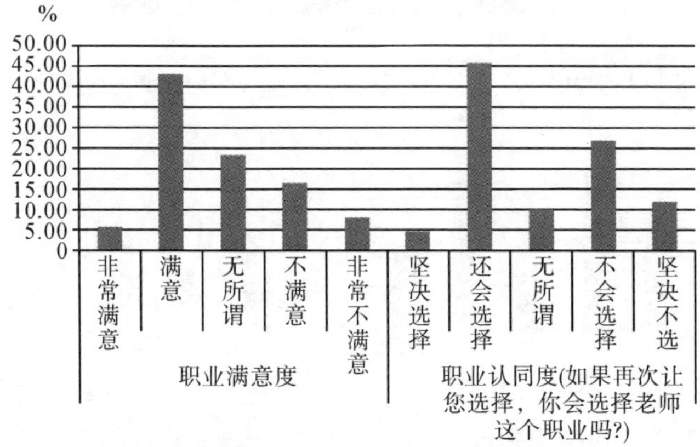

图 1-3a　教师职业理解与认同（教师问卷）

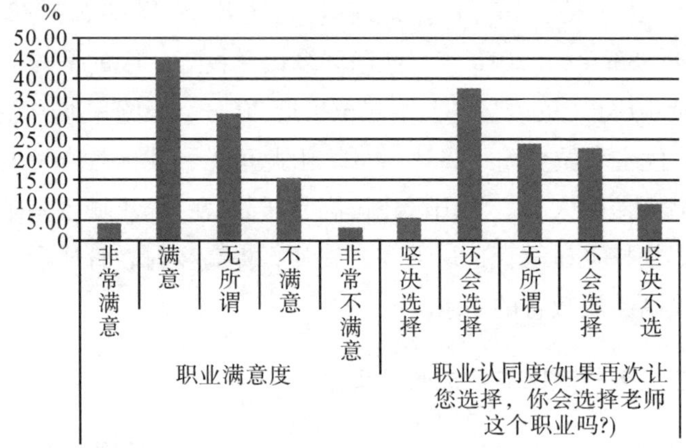

图 1-3b　教师职业理解与认同（学校行政观察）

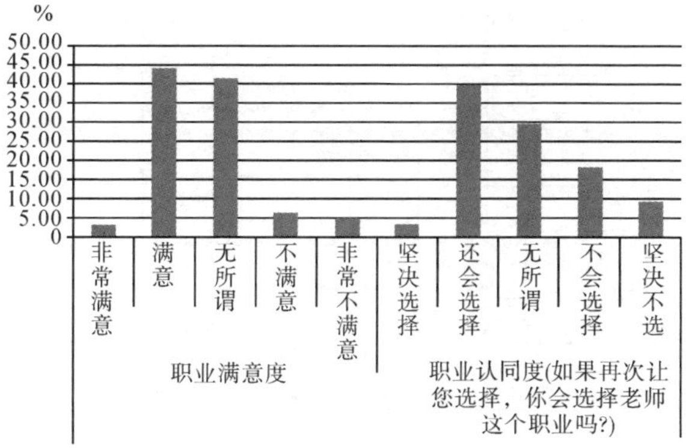

图 1-3c　教师职业理解与认同（学科教研员访谈）

从教师问卷（图 1-3a）“教师职业理解与认同”调查中可以看出，乡村教师职业满意度不到 50%（非常满意 5.2%+43.1%），持无所谓态度和不会选择甚至坚决不选的教师达到教师比例的一半。

从学校行政观察和学科教研员的访谈记录来看（图 1-3b 和图 1-3c），乡村教师非常满意或者坚决不选择当教师的比例都低于教师自己的问卷。这说明，乡村教师整体呈现出来的状态是工作的积极性和主动性不够，需要进一步加强教师的职业认同感。

2. 教师当前的学习基础

教师当前的学习基础的问卷结果见图 1-4a 到图 1-4c。

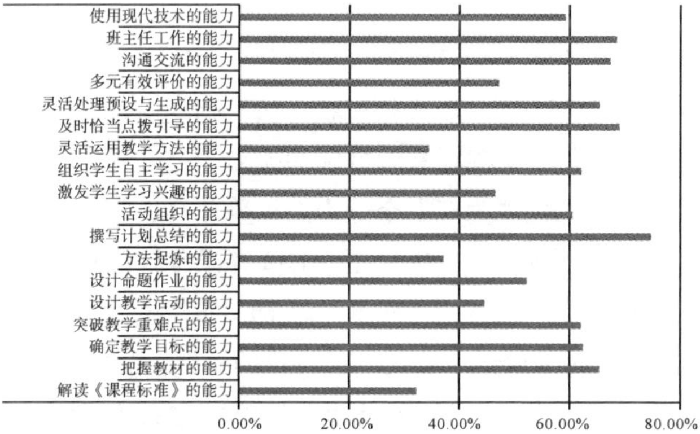

图 1-4a　教师专业成长现状调查欠缺一览（教师问卷）

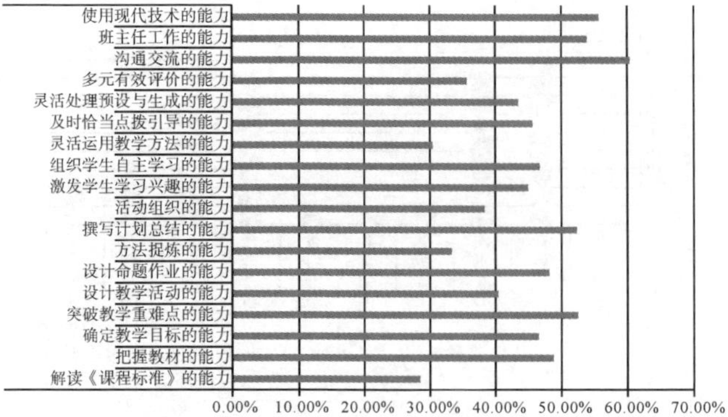

图 1-4b　教师专业成长现状调查欠缺一览（学校行政观察）

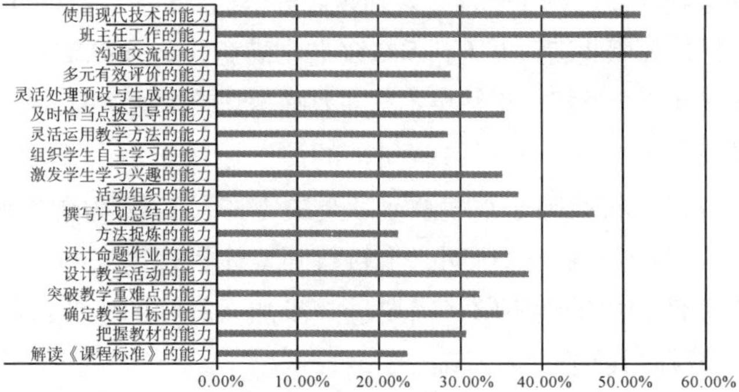

图 1-4c　教师专业成长现状调查欠缺一览（学科教研员访谈）

结合《中小学教师专业标准（试行）》，本次调查设计了 18 个能力点，调查乡村教师专业成长现状。从教师问卷发现，教师认为自己把握教材的能力、确定教学目标的能力、突破教学重难点的能力、撰写计划总结的能力等九个能力点评价较高，超过了 60%。有六个能力较低，不到 50%，集中在：解读《课程标准》的能力、设计教学活动的能力、方法提炼的能力、激发学生学习兴趣的能力、灵活运用教学方法的能力、多元有效评价的能力六个方面。

但在学科教研员的观察记录和对学校行政的访谈中，这些技能点低于教师们的自我评价，其中，解读《课程标准》的能力甚至低于30%，还有5个能力点，教师们自我感觉良好，与对学校行政和教研员的调查结果有出入，分别是把握教材的能力、确定教学目标的能力、突破教学重难点的能力、组织学生自主学习的能力、灵活处理预设与生成的能力。这说明，在这些能力点上，教师们并未意识到自己的问题。

综上所述，我们发现乡村教师较弱的能力点集中体现在教材内容的建构、教学设计、教学实施、教学评价这四个方面。

3. 教师对培训组织的需求

教师对培训组织的需求的问卷结果见图 1-5a 到图 1-5c。

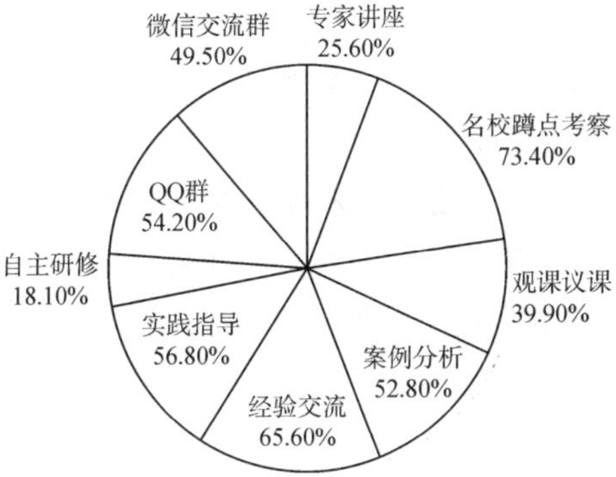

图 1-5a 教师对培训组织的需求（教师问卷）

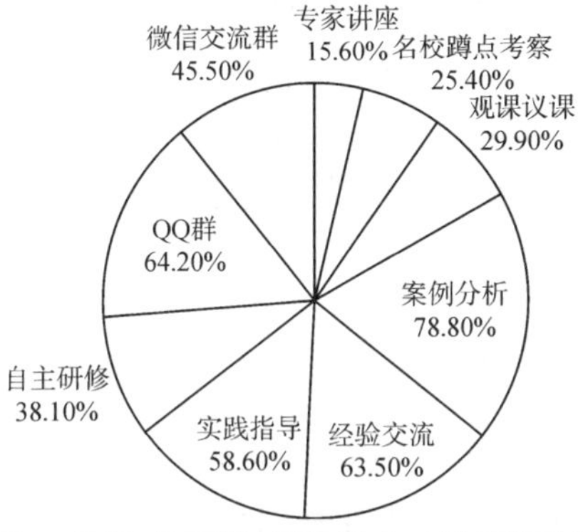

图 1-5b 教师对培训组织的需求（学校行政观察）

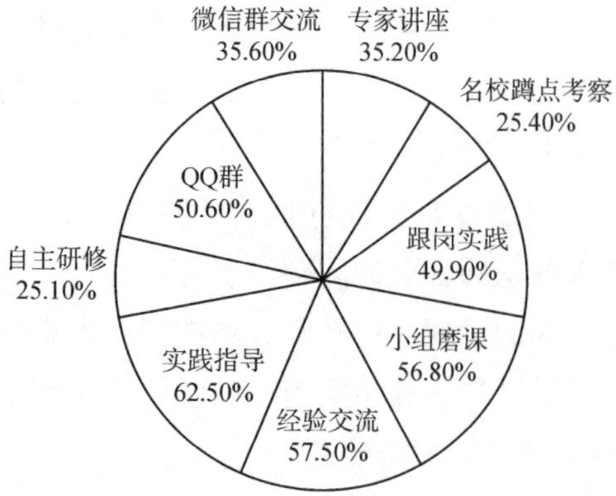

图 1-5c　教师对培训组织的需求（学科教研员访谈）

从教师问卷可以看出，教师到名校蹲点考察的需求达73.4%，但是与现实不符，工学矛盾太大，可行性不高。选择案例分析、观课议课、研课磨课和实际操作四种培训形式，与学校行政访谈和学科教研员观察一致，均排在了前几位。这说明，大家都意识到了“讲授式”“理论性”的培训效果不佳，而上述四种方式解决具体问题的实际操作，是大家认为实效性较高的培训方式。

分析调研结果，我们明确了“训什么”：围绕“师生学会学习”，聚焦课堂，培训乡村教师的四大技能，即教学内容解读与建构的技能、教学设计的技能、课堂实施的技能、教学评价的技能。同时明确了“怎么训”：采用高参与的实战式培训方式，让教师们在具体的、真实的教学情境中，通过一次次的操练、研磨、锤炼而成长。

四、“国培”目标的确定

江阳区“国培计划（2017）”包括乡村教师送教下乡、网络研修与校本研修整合、工作坊研修三个项目，基于训前调研，也为了避免三个项目“各做各的事，各唱各的戏”，我们在乐山师院、新思考网提供的相关实施方案的基础上，结合我区实际，将乡村教师送教下乡、工作坊研修、网络研修与校本研修整合三个项目打通设计，将国培工作与日常教学教研工作和全区的教师专项培训打通设计，确定了江阳区项目实施的目标体系（图 1-6）。

图 1-6　江阳区“国培计划（2017）”目标体系

（一）江阳区“国培计划（2017）”总目标

第一，围绕“师生学会学习”，聚焦课堂四大能力，解决江阳区乡村教师教育教学中存在的实际问题，提升教育教学质量，促进学生核心素养的提升。

第二，建设一支强有力的本土培训团队，推进骨干引领全员的常态化研修；建立校本研修常态化运行机制，形成教师学习共同体。

第三，帮助乡村教师树立良好的师德规范，更新教师教育观念，提升乡村教师教育教学能力，全面促进江阳教育的内涵发展和均衡发展。

（二）江阳区“国培计划（2017）”送教下乡项目目标

送教下乡项目立足泸州市江阳区乡村中小学教育的实际，围绕学生“会学、学好”的终极目标，以教师“会教、教好”为抓手，采取切实可行的措施，重点帮助参培的乡村教师提升师德水平和教学技能。

（1）构建并打造指导乡村教师专业发展的优秀送教团队。

（2）诊断乡村教育、教师存在的主要问题，建设帮助乡村教师教学提升技能的资源包。

（3）引导和帮助参培教师提高师德水平，更新教育教学观念，调动学习与工作的积极性。

（4）促进参培教师“教学内容的解读与构建、教学设计、教学实施、教学评价与诊断”等技能的提升。

（5）促进乡村学校办学水平、教学质量提升，缩小城乡教育质量差距。

（6）通过实践探索，整理能够帮助乡村教师专业发展的“送教”培训策略，并且形成相应成果。

（三）江阳区“国培计划（2017）”工作坊研修项目目标

工作坊研修项目针对当前乡村教师发展专家指导不够、骨干教师引领机制不健全等问题，依托骨干教师组建工作坊，带动乡村教师开展工作坊研修，打造信息技术环境下的教师学习共同体，推进骨干教师引领全员的常态化研修。其主要目标任务如下：

（1）遴选21名骨干教师并培养其成为工作坊主持人。

（2）依托工作坊主持人建立21个乡村教师工作坊。

（3）工作坊主持人带动1 051名乡村教师进行工作坊研修。

（4）持续提升我区乡村教师教育教学能力。

（5）推动工作坊主持人从优秀迈向卓越。

（6）完善乡村教师专业发展支持服务体系。

（四）江阳区"国培计划（2017）"乡村教师网络研修与校本研修整合项目目标

针对当前乡村教师培训中网络研修与教育教学实践结合不紧密、教师专业发展缺乏持续支持、校本研修运行机制不健全等问题，本项目通过网络研修与校本研修整合培训，有效利用教师网络研修社区，为乡村学校持续提供专家指导和优质课程，建立校本研修常态化运行机制，推进乡村教师边学习、边实践，不断提升其教育教学能力。该项目的主要目标任务如下：

（1）学校充分利用网络资源，提升校本研修质量，促进学科教研水平提升。

（2）利用网络自主研究，增强教师学习意识和展示意识，提高教师教学研究能力和课堂教学实践能力。

（3）充分利用网络，提升参训教师获取教学资源等方面的信息技术应用能力。

（4）构建校本研修与网络研修整合的区域运行机制和校本运行机制。

"国培"目标确定后，又制定了"江阳区'国培计划（2017）'项目实施方案""江阳区'国培计划（2017）'送教下乡项目实施方案""江阳区'国培计划（2017）'工作坊研修项目实施方案""江阳区'国培计划（2017）'乡村教师网络研修与校本研修整合项目实施方案"。

泸州市江阳区乡村教师工作坊研修规划与实施方案（节选）

根据《教育部办公厅财政部办公厅关于做好2017年中小学幼儿园教师国家级培训计划实施工作的通知》，根据《教育部办公厅关于印发乡村教师培训指南的通知》及《乡村教师工作坊研修指南》，根据《泸州市江阳区"国培计划"中西部2017项目实施方案》，配合江阳区"送教下乡培训"和"乡村教师网络研修与校本研修整合培训"，为确保我区乡村教师工作坊研修工作落地和见实效，特制定本实施方案。

一、工作目标（略）

二、工作内容

1. 依托有关高等学校和网络研修支持服务机构，以江阳区教研培训中心为业务管理和指导主体，按照教育部提出的"建坊、用坊、评坊"的流程，组织实施我区乡村教师工作坊研修。

2. 紧紧围绕关注核心素养之"学会学习"，以促进学生"会学、学好"为标的，以聚焦课堂展开教师教学的四大技能（解读与建构教学内容的技能、设计教学的技能、课堂实施的技能、教学评价的技能）研修。

3. 以提升我区乡村教师教育教学能力为指向，形成我区乡村教师工作坊研修经验，提炼出成果，撰写并出版相关专著，为我区创建示范性"国培计划"项目县做出努力。

三、工作措施

（一）建坊

1. 制定乡村教师工作坊主持人遴选条件（另拟），按条件遴选出骨干教师，并安排其为工作坊主持人。

2. 全区分学段、学科（领域）组建乡村教师工作坊21个，将具备网络学习条件的乡村教师1 051名纳入工作坊。各坊要配置一名主持人，一名骨干教师，一名指导专家，约50名学员。工作坊内可设立若干研修小组，选拔优秀学员担任组长，明确研修分工。

3. 各工作坊要拟定自己的个性化名称，设定自己的研修理念（口号），提出自己的研修目标，围绕全区设定的研修主要内容（规定动作），再自主选择与之相匹配的研修内容（自选动作），以问题为导向建构自己的研修内容体系（框架）。倡导各工作坊探索建构自己的研修模式与打造出自己的特色。

4. 全区要建立与完善工作坊研修管理制度，明确各方职责，建立激励与约束机制（另拟）。各工作坊要建立小组间的合作竞争机制。

5. 全区要开展工作坊坊主与骨干教师培训，指导其开展工作。

（二）用坊

1. 各工作坊要制定出本乡村教师工作坊两年的研修方案，每学期拟订出研修计划（另设计表格填写）。

2. 各工作坊要紧紧围绕全区设定的两年送教下乡和工作坊研修主题与内容（以促进学生“会学、学好”为标的，以聚焦课堂展开教师教学的四大技能研修），递进式地设置研修内容体系。

各工作坊各学期须完成的“规定动作”是：

第一学期，以解读与建构教学内容的技能和设计教学的技能的研修为重点。

第二学期，以课堂实施的技能和教学评价的技能的研修为重点。

第三学期，以四种技能的综合运用研修、促进学生会学为重点。

第四学期，以更多技能的综合运用研修，促进课堂的有效性提升，促进学生学好为重点。

同时，各学期，各工作坊按各自设定的“自选动作”完成相应的研修。

3. 各工作坊研修要将主题研修与常规研修相结合，以主题研修为主，确保研修针对性；将网络研修、集中培训与现场实践相结合，实现教师学用结合，确保研修实效性。

主题研修要针对乡村教师教育教学中的突出问题，预设研修主题，主要采取诊断示范、课例研修、专题研讨、微型讲座、课题研究指导和成果总结展示等方式，由工作坊主持人组织全坊乡村教师主题鲜明的研修活动。主题研修要将网络研修、集中培训与现场实践相结合。网络研修重在支持主题研修的常态化开展；集中培训重在现场诊断示范、研修成果展示和经验分享等，营造研修氛围，巩固研修成效；现场实践重在推动乡村教师及时将网络研修与集中培训所学应用于实践，切实解决教育教学中的突出问题。

常规研修要结合乡村教师日常教育教学工作，主要采取网上诊断、课例点评、问题解答、资源推送等方式，由工作坊主持人对乡村教师进行个性化指导。常规研修主要采取网络研修与现场实践相结合的方式进行，推动教师即学即用。

4. 各工作坊要管理和组织好本坊教师展开研修。要求每位教师根据工作坊研修方案，制订个人研修计划，积极参与研修，严格遵守纪律。

5. 各工作坊要积极探索富有实效的研修方式方法，形成研修经验，指导本坊学员形成实践成果，提炼、汇聚、加工优秀成果。要注重研修过程的记载，积极搜集和整理研修材料。要及时发掘“好小组、好学员、好成果”，做好典型经验、先进做法的总结宣传推广工作。

6. 教研培训中心要将常规教研与工作坊研修整合起来，增强研修的可操作性与实效性。要注重对各工作坊日常研修的监管，防止各坊研修落空或流于形式。

（三）评坊

1. 各工作坊和研修学员每学期都要提交研修总结（表格式，另设计）和研修成果资料。

2. 区教研培训中心要定期（原则上每学期）组织对工作坊及其主持人进行评估（另拟评价标准与操作办法）。对乡村教师工作坊的评估要以工作坊主持人的引领带动作用、学习共同体组建、研修活动开展、资源生成和乡村教师学习与实践成效等为重点。要根据评价结果，对工作成效突出的主持人给予奖励支持，对工作不力的主持人及时进行调整。

网络研修支持服务机构要通过大数据分析等手段，有效记录并反馈工作坊主持人和乡村教师的研修行为及成效，为教育行政部门和业务部门管理工作坊、工作坊主持人管理坊内学习小组与学员提供有力支持。

3. 各工作坊主持人要根据教育行政部门、教研部门的要求，做好本坊学员的监管评估工作，通过小组评价和个体评价，对参与研修、支持同伴、完成任务和生成成果等进行有效评价。要完善坊内管理评价机制，激励学员认真参与、乐于展示、积极分享。要发掘推荐优秀小组与优秀成员，并对学习不力的学员进行有效督促。

四、成果预设（略）

五、工作时间安排（略）

第二节　“以师为本”的内容设计

多年来，教师为什么消极对待培训？归根结底是培训的内容设置、课程安排没有很好地适应教师发展的需求，即以设计者为主，有什么样的专家，就开设什么样的培训，导致培训缺乏实效性；以专家（培训者）为主，专家（培训者）知道什么，就讲什么，无视问题，导致培训缺乏针对性。“以师为本”的内容设计，就是本着“为了每一位乡村教师的专业发展”来设计江阳区“国培计划（2017）”的内容。

一、乡村教师自主成长学什么

两年的培训，不可能解决乡村教师的所有问题。培训目标确定以后，我们又广泛征求了乡村学校校长、教师的意见，将“国培”具体细化为理念的落地、技能的提升、研修方式的引领。

第一，理念的落地。

我们发现，在学生核心素养中，"学会学习"这一素养尤为重要。而在乡村学校，教学依然传统，老师们关注较多的依然是教师的"教"，而忽略了学生的"学"，未把课堂真正还给学生。更新老师们的这一观念，是我们"国培"义不容辞的责任。

第二，技能的提升。

围绕"学会学习"聚焦课堂，提升教学的四大技能，即教学内容解读与建构的技能、教学设计的技能、课堂实施的技能、教学评价的技能。

第三，研修方式的引领。

我们发现，乡村学校的教研活动主题不明、形式单一、针对性不强，因此效果欠佳，未能解决教师教学中的实际问题。我们还发现，乡村教师自主研学的方式方法也较为欠缺。因而要通过"国培"，让学员在实践与体验中学会如何进行自主研学，如何进行校本研修，并使之成为常态。

根据训前调研和《中小学教师专业标准（试行）》，我们把两年"国培"的内容定位在乡村教师最需要改变和提升的两个方面：①职业理解与认识；②教学的四大技能。

（一）职业理解与认识

将社会主义核心价值观和教师职业道德规范融入"国培"课程，注重乡村教师职业理想、敬业精神和奉献精神教育，引导乡村教师将立德树人根本任务落实到教书育人全过程，热心从教、依法执教、为人师表、关爱学生、团结协作，增强人格魅力、学识魅力和职业魅力，做学生锤炼品格、学习知识、创新思维、奉献祖国的引路人。

为了加深职业理解与认识，教师需要学习的内容包括：

（1）党和国家教育方针政策。

（2）中小学教师的专业性与独特性。

（3）教育教学态度与行为。

（4）个人修养的提升。

我们为了落实这些学习内容，制定了相应的课程安排表，详见表 1-1。

表 1-1 江阳区“国培计划（2017）”教师集中培训课程安排表

时间		上课地点	班级	课程模块	课程专题	活动方式	主讲（主持）
第一天	上午	教培中心四楼学术厅	全体学员	政策法规及专业理念	江阳教育前瞻及教师使命	专家报告	周玉
					教育政策法规解读及教师职业道德养成	专家报告	张贻宗
	下午	教培中心四楼学术厅	全体学员		师德的尊贵邀请与教师心理适应	专家讲座+行动引领	肖世林
第二天	上午	教培中心四楼学术厅	全体学员	专业理念与师德	如何做一名幸福、快乐、有成就的教师（或教师心理压力、职业倦怠的转化与调适）	经验交流+行动引领	省教科院李淑英
	下午	教培中心四楼学术厅	全班	个人修养	论坛：教师沟通与合作的技巧与艺术	互动研讨与行动引领	费国萍（忠山小学）谭星（华阳）叶静燃（梓校）唐丽（七中）陈智兰（实小）
第三天	上午	教培中心四楼学术厅	全体学员	个人修养	教师阅读与教师成长	专家讲座+行动引领	刘义（梓校）
					优秀教师是怎样成长的		

表1-1(续)

<table>
<tr><th colspan="2">时间</th><th>上课地点</th><th>班级</th><th>课程模块</th><th>课程专题</th><th>活动方式</th><th>主讲（主持）</th></tr>
<tr><td>第三天</td><td>下午</td><td>教培中心四楼学术厅</td><td>全体学员</td><td>教育教学态度与行为</td><td>做一名有着职业情怀的幸福的教师</td><td>以教育叙事的方式，用讲述者自己的成长经历，让参培者领悟教师这一职业的内涵与责任</td><td>熊生贵</td></tr>
<tr><td rowspan="3">第四天</td><td>上午</td><td>教培中心四楼学术厅</td><td>全体学员</td><td>教育教学态度与行为</td><td>教师专业标准解读及教师职业生涯规划</td><td>专题讲座+行动引领</td><td>李芝伦</td></tr>
<tr><td rowspan="2">下午</td><td rowspan="2">教培中心四楼学术厅</td><td>全体学员</td><td>教育教学态度与行为</td><td>制定个人发展规划</td><td>实践行动</td><td>罗洪斌</td></tr>
<tr><td>全体学员</td><td colspan="3">1. 培训小结
2. 布置安排第二阶段培训工作</td><td>罗天斌</td></tr>
</table>

（二）教学的四大技能

培训内容的设计围绕“师生学会学习”，强调实践性，依据教师所做日常事务，解决实际问题，加深专业理解，提升专业技能，服务于乡村教师的教学工作实践。

1. 教学内容解读与建构的技能

教学内容解读与建构的技能包括：解读课程标准的技能、解读整本教材的技能、开发课程资源的技能、建构一课教学内容的技能。

2. 教学设计的技能

教学设计的技能包括：教与学系统设计的技能、教学计划拟订的技能、课堂教学设计（备课）的技能。

3. 教学实施的技能

教学实施的技能包括：教学组织的技能、启动引入的技能、活动开展的技能、反馈调控的技能、总结拓展的技能。

4. 教学评价的技能

教学评价的技能包括：着眼课堂常态运行的评价机制建设技能、教学过程中即时性评价技能、教学后的自我反思技能、对自己课（观察他人课）的评价技能。

三个项目均按以上培训内容，分阶段有重点地实施。第一周期（送教下乡第一次）重点解决教学内容解读与建构的技能，第二周期（送教下乡第二次）重点解决设计教学的技能，第三周期（送教下乡第三、四次）重点关注课堂实施的技能和教学评价的技能，第四周期（送教下乡第五、六次）重点关注综合教学技能。

在具体课程实施中，上述四大技能在三个项目中的侧重点不同，如表 1-2 所示。

表 1-2 四大技能在三个项目中的不同侧重点

项目	教学内容解读与建构的技能	教学设计的技能	教学实施的技能	教学评价的技能
送教下乡	1. 解读课程标准的技能 2. 建构一课教学内容的技能	课堂教学设计（备课）的技能	1. 启动引入的技能 2. 活动展开的技能 3. 反馈调控的技能 4. 总结拓展的技能	教学过程中即时性评价
工作坊研修	1. 解读整本教材的技能 2. 开发课程资源的技能	教与学系统设计的技能	教学组织的技能	着眼课堂常态运行的评价机制建设
网络研修与校本研修整合	1. 解读课程标准的技能 2. 建构一课教学内容的技能	教学计划拟订的技能	1. 启动引入的技能 2. 活动展开的技能 3. 反馈调控的技能 4. 总结拓展的技能	1. 教学后的自我反思 2. 对自己课（观察他人课）的评价技能

二、本土培训者学什么

我们的 78 名“国培”培训者，是在全区通过自主申报→学校推荐→项目办遴选→乡村教师代表确定的程序遴选出的，再加上我区优秀教师 44 人，优秀教研员 20 人，组成了 142 人的培训团队。我们的本土培训者要达到两方面的要求：①实现从优秀教师再到培训者的转变，能用自己的成长经历引领乡村教师，得到广大教师的喜爱。②从擅长学科教学到教学研究转变，能向中心问题聚焦，能以例释理，与乡村教师共同研究、共同成长，深受广大乡村教师的信任。除了和乡村教师一起学习以外，我们还量身定制了属于本土培训者的课程，包括提升素养类、能力类（组织能力、引导能力、评价能力）的相关课程，具体如图 1-7 所示。

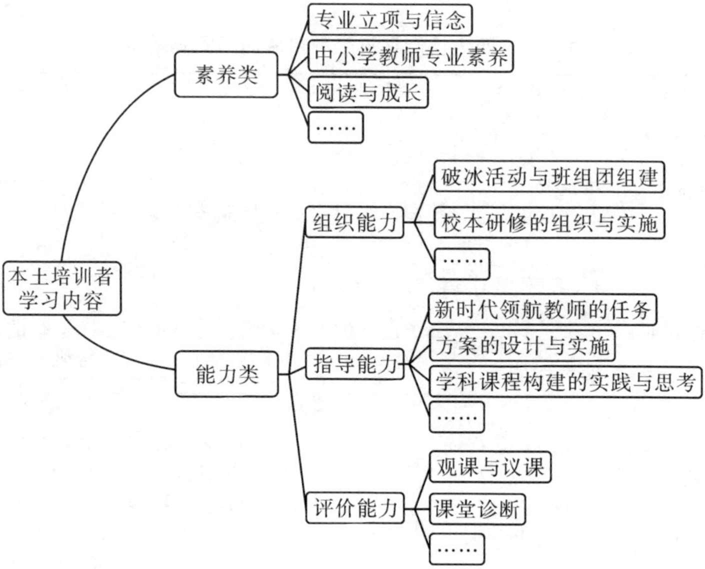

图 1-7　本土培训者的学习内容

与之对应的部分课程表见表 1-3 和表 1-4。

表 1-3 乐山师范学院（乐山师院）“国培计划（2017）”——培训团队“跟岗实践”第一年教师发展中心脱产跟岗项目（江阳区）跟岗安排表

时间	跟岗内容	指导教师	跟岗要求	跟岗单位及地点
4 月 8 日上午	《江阳区“国培计划（2017）”——中西部项目实施方案》解读及《江阳区乡村教师四大教学技能培养设计》	肖世林、李芝伦	集中学习。明确江阳区“国培计划（2017）”——中西部项目如何实施	江阳区教研培训中心二楼大教室
4 月 8 日下午	分学科组织研讨“江阳区乡村教师××学科四大教学技能内容体系与培养活动”，形成“谱系”	肖世林、罗天斌、熊生贵、罗洪彬、李芝伦	分学科组研讨。理解乡村教师四大教学技能研修的具体内容	各学科教研员办公室
4 月 9 日全天	讲座《江阳区送教下乡如何组织实施》。分学科研讨“江阳区××学科送教下乡如何组织实施”，形成各学科送教下乡活动具体方案	罗洪彬、罗天斌及学科指导教师	集中学习。明确送教下乡的工作流程与具体要求，形成方案	江阳区教研培训中心二楼大教室
4 月 10 日上午	讲座《江阳区乡村教师工作坊研修如何组织实施》。分学科组织研讨“江阳区××学科乡村教师工作坊研修如何组织实施”，形成各乡村教师工作坊研修活动具体方案	熊生贵、罗天斌	集中学习。明确乡村教师工作坊研修如何运行，制定方案	江阳区教研培训中心二楼大教室及各办公室

表1-3(续)

时间	跟岗内容	指导教师	跟岗要求	跟岗单位及地点
4月10日下午	讲座《江阳区网络研修与校本研修的整合如何组织实施》。分学科组织研讨“江阳区××学科网络研修与校本研修的整合如何组织实施”，形成各学科网络研修与校本研修的整合活动具体方案	李芝伦、罗天斌	集中学习。明确网络研修与校本研修的整合如何组织实施，制定具体方案	江阳区教研培训中心二楼大教室及各办公室
4月14日上午	国培项目的组织与实施经验分享	宜宾翠屏区唐元毅团队	全体集中学习，学习翠屏经验，进一步厘清自己负责的工作如何开展	江阳区教研培训中心二楼大教室
4月14日下午	国培成果提炼及资料处理	泸县教师进修校胡运清	全体集中学习，学习泸县经验，明确自己负责的工作如何收集资料，提炼成果	江阳区教研培训中心二楼大教室
4月15日上午	学科送教下乡、学科工作坊研修实施方案修订	肖世林、李芝伦、熊生贵、罗天斌、罗洪彬	分组研讨	各学科教研员办公室
4月15日下午	总结交流	肖世林、罗天斌、熊生贵、罗洪彬、李芝伦	分组展示交流，专家点评	中心二楼大教室

学术班主任：罗天斌、肖世林、罗洪彬、李芝伦、熊生贵（注：罗天斌教小学数学，肖世林教中学文科，罗洪彬教中学理科，李芝伦教综合科，熊生贵教小学语文）。

后勤班主任：赵明、邹小权。

表 1-4　乐山师院“国培计划（2017）”——培训团队“跟岗实践”第二年教师发展中心脱产跟岗项目（江阳区）跟岗安排表

时间	跟岗内容	指导教师	跟岗要求	跟岗单位及地点
4 月 19 日上午	新时代教师的根本任务 优秀教师如何引领同伴成长	肖世林、罗洪彬	集中学习。明确江阳区“国培计划（2017）”结束后培训者如何继续发挥引领作用	江阳区教研培训中心二楼大教室
4 月 19 日下午	国培成果的梳理与提炼	熊生贵	集中学习。联系学员的学习成果指导	江阳区教研培训中心二楼大教室
4 月 20 日上午	校本研修的组织与实施	周健（正高教师、特级教师）	集中学习。观摩学校校本研修的组织现场并听学校经验分享	泸师附小城西学校
4 月 20 日下午	学科课程构建的实践与思考	李芝伦、邱利平	集中学习。观摩梓橦路学校课程开展情况	泸州市梓橦路学校
4 月 21 日上午	校本教研的组织与实施	李维兵（正高教师、特级教师）	集中学习。观摩学校校本研修的组织现场并听学校经验分享	泸师附小
4 月 21 日下午	选课走班的组织与实施	李强（高级教师，泸州七中校长）	集中学习。观摩学校校本研修的组织现场并听学校经验分享	泸州七中城西学校
4 月 14 日上午	国培项目的组织与实施经验分享	肖世林、李芝伦、熊生贵、罗天斌、罗洪彬	全体集中学习，再分组交流	江阳区教研培训中心二楼

表1-4(续)

时间	跟岗内容	指导教师	跟岗要求	跟岗单位及地点
4月14日下午	国培项目的组织与实施经验分享	肖世林、李芝伦、熊生贵、罗天斌、罗洪彬	全体集中学习，再分组交流	江阳区教研培训中心二楼
4月15日上午	国培成果提炼及资料处理	肖世林、李芝伦、熊生贵、罗天斌、罗洪彬	分组研讨	各学科教研员办公室
4月15日下午	培训者国培成果展示交流	肖世林、罗天斌、熊生贵、罗洪彬、李芝伦	分组展示交流，专家点评	中心二楼大教室

学术班主任：罗天斌、肖世林、罗洪彬、李芝伦、熊生贵（注：罗天斌教小学数学，肖世林教综合科，罗洪彬教中学理科，李芝伦教中学文科，熊生贵教小学语文）。

后勤班主任：赵明、邹小权。

第三节　资源整合的操作设计

整合是指通过整顿、协调、重新组合，把一些零散的东西通过某种方式衔接，从而实现系统的资源共享和协同工作。整合的精髓在于将零散的要素组合在一起，并最终形成有价值、有效率的整体，让这些单一看来无意义或意义不大的事物获得超值的效果。国培项目的组织实施，涉及高校、网络研修机构、项目县行政业务部门及项目学校的设备、人员、师资、资源等的统筹，培训项目及培训时间的协调安排等。为充分发挥实施主体在培训组织实施中的积极作用，项目需要根据培训目标和培训项目内容，把与培训项目相关的培训师资、培训管理机构及人员等各资源要素进行梳理和整合。

一、管理资源的整合

（一）行政管理

行政管理是指国家行政机关或者法律、法规和规章授权行使行政权力的社会组织及国家行政机关委托行使行政权力的社会组织或个人，依法对国家及公共事务所进行的决策、组织、管理和执行的活动。

1. 行政管理在引领教师自主成长中的作用

中共中央、国务院《关于全面深化新时代教师队伍建设改革的意见》着眼于未来五年目标任务，放眼于 2035 年长远发展规划，就全面加强师德师风建设、大力提升教师专业素质能力、深化教师管理综合改革、不断提高教师地位和待遇、切实加强党对教师工作的领导等重要工作做出总体部署。区域教师队伍专业发展在教师自主发展的基础上，注重发挥行政管理目标引领、实施推动、评价调控等作用，引领推动教师自主成长。

（1）目标引领。

根据区域教育事业改革和发展中长期目标对教师队伍提出的要求，在广泛调研区域教师专业发展现状的基础上，区域教师专业发展总体目标和阶段目标被提出了，以期引领区域教师专业发展的方向。教师个体在区域教师队伍建设发展总体目标基础上，根据自身专业发展实际制订个人专业发展规划和阶段目标计划，促进自己的专业发展。

（2）实施推动。

区域教育行政部门和业务部门积极配合国家、省市教育行政部门，选送骨干教师参加各级专项培训，为区域教师专业发展培养和储备一批种子教师；根据区域教育事业发展需要和教师队伍实际情况，依据国家教师教育政策法规，积极组织实施各类项目培训，培养本土培训专家团队，改革培训的组织管理和培训形式，开发培训课程，优化培训内容，推动教师队伍专业化发展和整体素质提升；基层学校充分利用校本资源，立足课堂，依托教师，以活动为载体，以解决问题为导向，积极组织开展以校为本的、形式多样的研修活动，在活动中解决学校教育改革发展面临的实际问题，在研修中推动教师专业发展，促进教师专业成长。

（3）评价促进。

行政部门在履行行政管理职能的过程中，通过建制度、搭平台等方式，促进教师专业成长。按照《中小学教师继续教育管理规定》要求，定期对教师培训学习情况进行审验登记，其登记结果作为教师评优晋级的必备条件之一；为教师搭建展示的平台，行政部门和学校定期组织实施课堂教学展评及技能大赛等竞赛活动，教师在积极参与中学习，在竞赛活动中成长；通过有组织的教学视导、专项检查、督导评估等形式，观察教师课堂，指出努力的方向，促进教师专业化成长。

2. 行政管理的原则

（1）服务性原则。

管理就是服务，服务是行政管理职能的基本要求。服务性原则要求行政管理部门及其管理者要有服务意识，在管理中倾听服务对象的呼声和要求，不断改革服务形式、更新服务内容、强化服务责任、明确岗位职责、提高服务效益，为服务对象营造良好的环境，以满足服务对象不断提高的服务需求。

（2）减负增效原则。

减负增效，简单说就是减轻负担，增加效益或效能。这里是指教育行政部门为了提升国培项目县培训项目管理的效能而实行的系列措施或手段。减负增效原则要求国培行政管理部门或管理人员做到：①国培管理与日常工作有机融合；②将国培评价考核有效延伸；③国培资源与常规培训资源共享共生。

（3）互助互补原则。

行政管理是一个管理工程系统，该系统是否高速、高效，取决于系统各组织部分功能的发挥。互助互补原则要求组成行政管理系统的各单位、部门，充分发挥各自优势和所长，优势互补，使管理系统各组成部分强强联合，形成最佳组合，管理系统达到最佳运行效率，以发挥最佳效益。

3. 组建有序高效的国培行政管理系统

（1）国培项目领导组。

其人员由区政府和教育行政部门、业务部门相关负责人组成，组长由区政府分管副区长担任，便于统筹安排调度人、财、物等各类资源，统一领导全区国培工作。项目领导组具体职责为：认真贯彻落实教育部和省教育厅国培项目县政策，结合江阳区实际制定具体管理办法；制定全区项目实施方案；落实各项目学校责任；领导项目工作组开展工作；安排部署、检查督导、考核评估项目工作开展情况；按照申报意见书规划和省项目办要求配足项目工作经费；编制项目经费预算和实施经费管理。

（2）国培项目工作组。

国培项目工作组在区国培项目领导组统一领导下，对外承担与省项目办、高校及网络培训机构的协调联系，对内负责国培各项目培训工作的具体组织实施，国培项目在组织、管理、实施过程中，项目工作组起着重要的作用。其人员组成主要由负责全区教育教学业务管理指导的教研培训中心人员组成。

项目工作组的职责：负责项目日常性工作，定期向项目领导组汇报重大事项；认真组织实施各子项目工作；定期召开项目办联席会议，妥善处理项目实施过程中的问题，及时宣传和总结项目实施过程中的典型经验；积极探索建立送教下乡培训、校本研修与网络研修整合培训、教师工作坊研修的长效机制，逐步建立完善全区教师培训支撑服务体系；建立健全项目实施全程工作档案资料，总结提炼国培项目成果。项目工作组办公室（简称“项目办”）设在教研培训中心，日常工作由师培干训室具体落实。

①制定工作制度。

科学合理且完善的工作制度是培训活动正常开展的基础，项目办根据国培项目管理的要求及全区干部教师培训管理的丰富经验，制定并出台《国培项目县项目实施管理办法》，对项目目标任务内容、项目组织管理、项目实施、参培教师管理等提出了明确的要求；同时制定系列工作制度，规范考勤、班级管理、评价指标、成果资料收集要求等，完善考核细则，实施对国培先进个人、优秀学员、优秀项目学校等的考核，调动学员、培训团队和项目学校的积极性和主动性。

【成果资料收集要求】

每位参培教师按要求认真填写《研修手册》的相关内容，每次活动还需提交以下资料的电子文档，并于当次培训结束三天内提交电子文档到指定邮箱。

1. 学员基本信息。本资料第一、第二页（只交一次）。

2. 学习报告要点。围绕主题，整理该教学技能内容与诊断知识学习的要点。

3. 教学设计初稿与最后修订稿。该教学课题的第一设计稿与最后修订稿。

4. 学科教学技能指标。就本学科对该项教学技能二级指标的修订意见，十项二级指标中至少选三项，列出三级指标评价要点、评估细则。

5. 诊断报告。教学技能诊断简要报告要点，主要是该项教学技能10项技能点的问题诊断、成因分析与改进建议。

6. 阶段（单次）成果报告。形成《提升教学××技能的学习成果报告》（标题自拟，此为副标题），主要内容为针对该项教学技能学习与提升实践的心得体会、反思感悟、课例分析、经验文章、专题论文等。整个学习结束时，形成《提升教学技能的学习成果报告》（标题自拟，此为副标题）。

7. 故事与案例。活动中感人的故事、触动内心成长的事件，以文字形式及时记录。

8. 相关照片与视频。反映工作过程，特别是令人感动的画面。

9. 阶段小结。每次 2 天的学习为一个阶段，对本阶段自己参与学习情况、主要收获进行小结整理，对存在的问题及成因进行分析，拟出本项教学技能提升的计划要点。整个学习结束时，形成学习总结。

10. 成果与总结。对学习活动的收获进行梳理，形成一篇专题经验文章、论文或课例、案例；对整个送教下乡培训的活动参与情况进行回顾，提炼学习收获，梳理存在问题，拟出下一步的教学技能提升学习与实践计划。

（摘自《国培送教下乡工作制度》）

②统筹安排送教下乡、工作坊集中研修活动。

根据国培文件要求和我区实际，学科送教下乡活动两年六次，每次 2 天，共计 12 天，分三个学期完成；教师工作坊研修项目，每年线下集中研修不少于两次，每次两天。项目办在安排时充分考虑学校教育教学工作实际情况和教师工作实际：一是统筹项目时间安排，送教下乡培训每学期集中在两个月完成；工作坊线下集中研修则主要利用周末、假期进行，两个项目时间上相互独立，互不冲突；二是尽量不影响学校正常教育教学秩序，初中大学科如语文、数学、英语不安排在同一天，小学语文、数学送教时间分开，平衡每天的送教班次，避免学校因参培教师过多而影响学校的正常工作；三是学期整体安排，提前通知，让学校、教师提前协调安排工作，化解工学矛盾；四是明确学科负责人，安排行政班主任和后勤班主任，提前协调联系、落实培训场地和学员就餐等事项，负责实施班务管理和后勤服务，统一安排行政督查人员，对培训活动进行督查、指导。

乡村教师送教下乡安排（部分）见表1-5。

表1-5　江阳区“国培计划（2017）”送教下乡培训活动2018年秋期安排一览表

序号	班级	第一天		第二天		参与年级	参加教师数	第一天		第二天		参与年级	参加教师数
		时间	地点	时间	地点			时间	地点	时间	地点		
1	初语文一班	9日18日	蓝田中学	10月9日	丹林中学	八年级	58	11月20日	南城学校	11月13日	分水中学	八年级	58
2	初语文二班	9日18日	蓝田中学	10月9日	江北学校	九年级	50	11月20日	南城学校	10月30日	方山学校	九年级	50
3	初语文三班	9日18日	蓝田中学	9月25日	白马学校	七年级	47	11月27日	石寨学校	11月13日	泸州十中	七年级	47
4	初数学一班	10日12日	南城学校	11月9日	泸州十中	七年级	77	10月26日	通滩中学	11月2日	分水中学	七年级	47
5	初数学二班	10日12日	长江中学	11月9日	蓝田中学	八年级	88	10月26日	石油中学	11月2日	况场中学	八年级	48
…	…	…	…	…	…	…	…	…	…	…	…	…	…

送教下乡管理人员安排见表1-6。

表1-6　2018年秋期送教下乡管理人员安排一览表

学科班级	送教时间	送教地点	学科负责人	学术助理	行政班主任	后勤班主任	时间
初中语文一班	9日18日	蓝田中学	张远成	潘云平	罗天斌	宁琳	9.18
初中语文二班	9日18日	蓝田中学	张远成	朱祥群			9.18

表1-6(续)

学科班级	送教时间	送教地点	学科负责人	学术助理	行政班主任	后勤班主任	时间
初中语文三班	9日18日	蓝田中学	张远成	唐丽			9. 18
小学体育一班	9月19日	邻玉小学	车福庆	邓玉梅	方文江	胡泽烽	9. 19
初中物理班	9月19日	高新区中学	陈维勇	丁念锟	万震	王焰	9. 19
初中化学班	9月19日	白马学校	朱玉莲	周敏	杨帆	赵明	9. 19
小学数学四班	9月20日	石寨学校	彭燕	宋利萍	刘帮国	李小丽	9. 2
中学体育班	9月20日	分水中学	车福庆	杜朝蓉	万震	王焰	9. 2
初中道德与法治	9月20日	高新区中学	陈洪平	刘刚群	王成	章涛	9. 2
小学数学一班	9月20日	南城学校	李敏	刘林	鄢建琴	邹小权	9. 2
小学体育一班	9月20日	分水小学	车福庆	邓玉梅	杨帆	赵明	9. 2
小学数学七班	9月20日	长江小学	袁小平	余雪英	叶华玲	杜颖	9. 2
小学数学五班	9月21日	力小	彭燕	任静	方文江	胡泽烽	9. 21
小学数学二班	9月21日	况实校	李敏	何春艳	罗天斌	宁琳	9. 21
…	…	…	…	…	…	…	…

教师工作坊线下集中研修安排见表1-7。

表1-7 泸州市江阳区乡村教师工作坊第三次集中研修活动安排表

坊名	坊主	骨干教师	活动时间与地点	活动时间与地点	班主任
小学语文工作坊1班	张家玉	熊生贵	5月7日和14日教研培训中心学术厅	5月9日和16日各坊自定活动地点	李小丽
小学语文工作坊2班	黄正萍	高天祥	5月7日和14日教研培训中心学术厅	5月9日和16日各坊自定活动地点	赖显楠
小学语文工作坊3班	穆燕	李芝伦	5月7日和14日教研培训中心学术厅	5月9日和16日各坊自定活动地点	王焰
小学语文工作坊4班	陈艳	王官兰	5月7日和14日教研培训中心学术厅	5月9日和16日各坊自定活动地点	杨帆
小学体育工作坊	杜朝蓉	邓玉梅	5月7日和14日教培中心二楼大会议室	5月9日和16日各坊自定活动地点	车福庆 伍虹飞
初中语文工作坊1班	唐丽	张远成	5月7日和14日教培中心二楼小会议室	5月9日和16日各坊自定活动地点	邱利平 刘邦国
初中语文工作坊2班	许忠莲	朱祥群	5月7日和14日教培中心多媒体会议室	5月9日和16日各坊自定活动地点	叶华玲
…	…	…	…	…	…

【班主任工作职责】（节选）

（四）行政班主任职责

1. 负责送教学科学员的报到、考勤；

2. 与学术助理共同负责班务及班级常规工作管理；

3. 负责送教照片（录像）收集、标语、宣传报道等；

4. 与学术助理共同对学员进行考核、评优。

（六）后勤班主任职责

1. 负责与学校联系，落实培训场地（教室）及设备设施（电脑、投影、音响、灯光、饮水等）；

2. 负责专家的交通接待、食宿安排；

3. 负责学员的免费住宿安排；

4. 及时解决培训中的后勤保障条件。

（摘自《国培管理人员工作职责》）

（3）双线管理。

国培项目工作组在组织国培项目实施过程中，根据管理对象和责任主体的不同，实施针对基层项目学校和国培培训项目的管理，形成双线组织管理体系。双线是国培项目组织实施过程中的两条管理主线，即行政管理线和项目管理线。双线管理相互独立，又互为补充，共同确保国培项目的有序、有效运行。

①行政管理线。

国培项目办通过行政管理的方式对学校落实国培项目实施管理，项目学校将国培项目的组织实施作为学校的一项重要工作，有机融入学校常规管理工作中。学校成立以校长为组长的学校国培工作领导组，并派专人负责落实国培工作；对本校参与国培的教师实施过程督导、效果评价；根据培训项目的实施进度及安排，为学员提供时间、经费保障，为培训活动提供场地、设备设施等支持，确保培训活动顺利实施，确保学员按时参培；积极创设条件，督促、指导学员将国培成果运用于学校校本研修工作，提升学校校本研修的品质。

【学校国培领导组的职责】

根据全区项目工作实施方案，制定本校校本研修与国培项目整合的实施方案，履行项目工作主体责任，确保本校培训团队成员按时参加培训学习，认真组织相关教师参加送教下乡培训、教师工作坊研修、网络研修与校本研修整合项目学习，落实好培训的各项具体工作；及时总结本校校本研修与国培项目整合的经验和做法，并加强宣传报道工作；建立健全本校项目档案资料。

（摘自江阳区《国培项目县项目实施管理办法》）

②项目管理线。

在国培项目办的统一领导下，国培项目实行项目负责人责任制的管理体制。国培项目县的三个培训项目送教下乡培训、教师工作坊研修培训、网络研修与校本研修整合培训分别由区教研培训中心三位副主任担任项目负责人。项目负责人根据区域国培总体实施方案的要求，制定项目实施方案并将项目培训实施安排上报国培项目领导组，并组建项目学科培训团队，遴选送教班（工作坊）学科负责人（坊主），组织开展学科集体备课活动，指导学科培训团队开展培训工作。

班级学科负责人（坊主），在项目负责人的指导下，根据培训项目的总体安排，围绕区域国培的总体目标和阶段目标，制定本学科班的培训方案，拟订培训计划，组建班级教师培训团队，构建班级学员自主管理网络，设计每次培训活动的主题，组织实施培训活动，收集学员对培训活动的意见、建议并不断改进和完善，创新培训的方式，提高培训的质量和效益，组织指导对学员的评价考核，指导学校开展校本研修活动，总结提炼培训活动的经验和成果。

班级学科负责人（坊主）是培训实施的主体，关系到培训的质量和效果，因此要求班级学科负责人（坊主）要有较高的专业素养和专业技能，有一定的培训经验，有服务教师的积极性和主动性，有组织培训的时间和精力，自身有成长的需求和动力，并善于激发教师成长内在需求，引领教师不断发展。

③国培学员。

国培项目的双线管理，是从不同的侧面指向同一主体——国培学员。国培学员是培训活动的参与主体，国培计划各子项目都对参培学员实行明确而有效的管理，对学员在国培学习中的具体学习过程提出了各环节要求和作业要求。通过培训，激发广大学员专业成长的内驱力，调动广大乡村教师学习的积极性和主动性，实现参训教师展开课堂教学四大技能的提升，从而实现区域教育教学质量的整体提升。

【送教下乡要求】

1. 积极参加教学诊断、观摩示范教学、聆听专家讲座、承担教学展示、互动交流研讨，找准教学技能存在的突出问题，明确研修目标任务，制订个人研修计划。

2. 观摩诊断与示范课前，积极做好准备，按要求同题备课，形成教学设计稿。

3. 观摩诊断与示范课时，对照自己的教学设计稿写出议课意见，做好议课交流准备，同时形成自己的教学设计修订一稿。

4. 认真参加研课磨课，通过交流互动，优化教学设计，形成教学设计修订二稿。

5. 通过课堂教学展示、说课、观议课等形式，及时将培训所学应用于课堂实践，提升课堂实效。课后再磨课，形成教学设计修订三稿。

6. 参与各项教学技能二级指标修订和三级指标建设。

7. 及时收集“设计、说课、上课、议课”和“微课例、微案例、微故事”等学习、反思、交流、展示活动的过程资料，整理、提炼形成成果并固化呈现、按要求提交。

8. 通过学习、研讨、反思与实践，全面提升“教学内容构建、教学设计、教学实施、教学评价与诊断”四项基本教学技能，提升师德与教学水平，提高教学质量，形成相关成果。

在培训实施过程中，严格过程管理，严肃考勤考核，发挥制度的约束和规范作用，确保学员全程、全员参与。

【考勤与请假制度】

江阳区国培集中研修考勤和请假制度

1. 集中研修是指教师工作坊线下集中研修和送教下乡培训。

2. 集中研修考勤实行签到制，由行政班主任和学术助理共同协作完成。

3. 集中研修期间，学员一律不得离开集中研修学校。如需要离开需履行书面请假手续并报批。审批权限：半天以下由行政班主任审批，半天以上由区教育局人事股审批。

4. 学员请假须上交假条，半天以下书面假条交行政班主任存档，假满后学员须到行政班主任处销假，不及时销假且逾期者以旷课论处。半天以上请假手续如下：学员书面假条，任教学校签署意见、加盖学校公章，区教育局人事股审批同意后将假条交送教下乡培训各班行政班主任，由行政班主任统一交项目办处存档。

5. 未履行请假手续或请假未批不参加培训活动的，一律以旷课论处；凡迟到、早退三次（5分钟为限）或迟到、早退一次但时间超过30分钟的，均按旷课处理。

6. 考勤处理：凡旷课超过培训总时间三分之一，请假（含公假、事假等）超过培训时间二分之一的，考核均为不合格。

7. 学员考勤情况将通报到所在学校，由学校列入年度绩效考核。

（二）学术管理

1. 国培专家团队

国培专家团队主要职责是负责区域国培的学术管理和指导，其人员构成以区域干部教师培训专家、部分省（市）骨干教师、教学名师和国培培训者团队学员组成，具体职责是负责区域教师专业发展现状及需求调研，结合区域教育品牌发展的目标定位，研究国培项目总体目标和培训课程设置安排，审核网络培训课程，推荐学科指导团队的人员构成，指导国培各子项目培训方案的制定和培训活动的开展，指导国培成果的提炼等。同时团队还聘请省市教研机构专家、新思考网和乐山师范学院专家教授担任学术顾问，共同参与我区国培项目的设计、课程开发、过程管理和学术指导等工作。

【网络课程开设建议】

泸州市江阳区国培项目网络课程安排需求

第一，我们此次培训只涉及义务教育阶段中小学，不需要专门针对高中的课程。

第二，必修师德内容部分，希望短课多一点，故事、案例多一点，不要总是4个学时的课。

第三，希望多提供一些与课堂教学密切相关的课程资源和教学实录。

第四，学科需求。

我们征求了教研员和部分教师的意见，汇总如下：

1. 总体要求

需要长短课结合，需要精品的教学案例、教学故事、课堂实录、微课等课程资源，要贴近教师实际的，如从研究如何教到研究如何学，怎样开展小组学习更有效，班级评比怎样才能调动学生长期的积极性等方面的案例、故事、经验分享等，多一些实操性的资源。

2. 部分学科具体要求

小学语文：语文学科微课程开发方面的讲座、案例，需要项目性学习方面的案例、经验等。特别需要不同学段“教什么”的系统资料及不同课型的名家优秀课堂实录。

小学数学：数学课程开发方面的讲座、案例和不同课型的名家优秀课堂实录。

小学科学：增加实验解决教学重难点的案例、视频、微课等。

小学英语：指导学生学习的方法资源和名师课堂实录。

初中数学：希望有如海淀区数学教研员张鹤老师那样精彩的讲座，有激发学生数学学习兴趣的资料、故事，有不同课型的名师优秀课堂实录。

初中语文：希望有和中考、高考改革接轨的相关资料、案例和不同课型的名师课堂实录。

初中物理、化学：增加教学改革、试卷命制、作业与试卷批阅方式创新方面的内容和名师课堂实录。

初中英语：希望有和中考、高考改革接轨的相关资料、案例和不同课型的名师课堂实录、学生阅读资源等。

初中政史地：提供帮助学生和教师突破教学难点的一些资源和名师课堂实录。

中小学体育：如何科学有效地防范和及时处理课中学生意外伤害事故（如挫伤、肌肉拉伤、韧带拉伤、脱臼、骨折等）。

中小学音乐、美术：培养教师基本功的相关资源和名师课堂实录，地方课程建设的案例。

2. 学科指导团队

由区域内各学科教学名师、学科带头人和各级骨干教师组建的学科指导团队。其职责是：组织开展学科问卷需求调研，准确了解区域内本学科教师专业发展现状和教师专业发展需求，研究学科教师专业发展的目标和课堂教学结构改革的模式，落实国培项目学科培训时间安排和各项目的目标任务，组织指导团队成员参加培训团队专项培训，制定国培项目学科培训活动实施方案，组织开展国培项目学科集体备课活动，按照区域国培实施方案和项目学科培训活动实施方案组织开展学科培训活动，并在实施过程在不断调整、修订、完善实施方案，使学科培训活动始终契合区域学科教师专业发展现状，服务于国培项目县培训项目整体目标，制定本学科培训评价方案并组织指导各学科班开展对学员的培训效果评价；指导各学科班搜集、整理、提炼学员在培训学习过程中产生的生成性成果，并加以推广应用，发挥国培项目的辐射引领作用。

3. 学科负责人

学科负责人是本学科班国培工作的具体实施者，肩负着国培项目方案落实的重任。其具体职责是：负责本学科（班）送教下乡培训活动的全面工作，制订学科班级培训计划和方案；负责与乐山师范学院学科指导专家联系，争取高校专家的学术支持和指导；负责与区送教下乡项目负责人、送教学校的联系，争取行政和基层学校的支持；与本学科的带班领导和三位班主任密切协作，紧密配合，共同完成送教工作任务；指导学术助理完成培训总结和绩效评估报告，指导学员发现、搜集培训过程中的生成性成果。

4. 学术助理

学术助理是学科负责人的助手，协助学科负责人开展培训活动。其具体负责学员需求调研并形成调研报告，落实培训具体课程（内容）；联系学科专家、组织班级学术活动、收集整理学科培训资料（学员手册、教学课件、生成性成果等）；指导学员完成并审核班级培训简报；完成培训总结和绩效评估报告；与行政班主任共同对学员进行考核、评价，推荐优秀学员。

二、项目资源的整合

按照“国培计划（2017）”中西部项目县三大项目——送教下乡培训、教师工作坊研修培训和网络研修与校本研修整合培训的培训方式和要求，结合区域教师培训的经验传承——专项培训、课堂教学改革培训、常规教研培训、校本研修，项目组将国培项目有机融入区域教师培训体系，做好国培背景下的区域教师培训的顶层设计，充分整合国培项目和区域教师培训资源，将国培资源和区域教师培训资源进行优化组合，实现资源最优配置和培训效益最大化。

（一）国培项目的整合

国培项目包括送教下乡培训、教师工作坊研修培训和网络研修与校本研修整合培训三大项目。三大项目互为补充、互为支撑，共同着力，实现乡村教师能力素质的提升。

1. 目标指向一致

国培三大项目均以解决江阳区乡村教师教育教学中存在的实际问题、提升教育教学质量、促进学生核心素养提升为立足点，通过培训实现学生从“不会学习”到“学会学习”（会学并且能学好）的转变。同时整合高校、远程机构和本区域资源，完善乡村教师专业发展支持服务体系，建设一支强有力的乡村教师本土培训专家团队，建立校本研修常态化运行机制，打造信息技术环境下的教师学习共同体，推进骨干引领全员的常态化研修。帮助乡村教师树立良好的师德规范，更新教师教育观念，提升乡村教师教育教学能力，全面促进江阳教育的内涵发展和均衡发展。

2. 内容指向一致

国培三大项目培训内容指向一致，通过网络学习、送教下乡培训、工作坊集中研修、学校校本研修等多种形式，以聚焦课堂展开教师教学的四大技能（解读与建构教学内容的技能、设计教学的技能、课堂实施的技能、教学评价的技能。）的培养为内容，实现教师驾驭课堂、实施课堂教学能力提升，实现区域教育教学质量的整体提高。

国培项目在实施过程中，围绕区域培训目标的实现，国培各项目相互补充、各有侧重。网络学习依托网络培训机构丰富的培训资源，以学员自主学习为主的方式，培训组织者有选择、有针对、有重点、分阶段为学员提供学习课程资源，学员通过自主学习、主题研讨、完成作业、编辑简报等环节流程，实现观念转变、经验借鉴、理念更新、素养提升；送教下乡作为国培项目的重点，在国培项目办统一安排下，学科送教团队将培训内容进行分解，分阶段有重点实施，每一主题通过诊断示范、研课磨课、成果展示、总结提升四大环节，以实战式、情境式、参与式等培训方式，让学员在真实的教育教学情境中提高学员开展课堂教学的四大技能；名优骨干教师引领下的教师工作坊研修，充分发挥名优教师的引领带动作用，以目标引领、任务驱动等形式，通过学员自主研修、工作坊线下集中研修等研修形式，把工作坊学员教育教学实践经验和国培成果以案例、教学设计、课件、练习题、课程开发、微课等形式梳理、提炼出来，形成国培项目经验成果；将国培研修成果进行推广应用，并将国培成果运用于学校的教育教学及管理，用于指导学校的校本研修，使得国培优秀成果落地生根，实现国培效益最大化。

（二）“国培”与常规教研的整合设计

区域常规学科教研活动，是解决区域内学科教学中普遍存在于教师中的问题的最基本的一种常态化教育教学研究方式。在国培背景下的区域教学研究设计中，国培与教研深度整合，并将国培项目培训实施程序迁移到教研活动中：现状及需求调研、明确细化研修主题、组织实施教研活动、评价总结反馈教研效果；在常规教研活动中，将国培考核、评价的实施方法迁移应用到常规教研活动中，即自评、同伴互评、观察行为改进，运用信息技术进行大数据分析等。区域教师培训活动一盘棋：学科教研活动的内容紧紧围绕学科教师展开课堂教学的四大技能的提升而开展；区域教研活动的形式与送教下乡的形式保持一致，注重参与式、实战式，强调学员在真实的场景中，通过积极的思维互动实现能力提升；按照诊断示范、研课磨课、总结提升、成果展示的环节展开学科教研活动。学科送教活动、工作坊线下集中研修活动，同时也是区域学科教研活动的主战场。

（三）“国培”与区域教师专项培训的整合设计

一是培训团队的组建和培训整合设计：“国培”乡村教师培训团队研修项目参训学员同时作为区域教师本土培训专家团队成员，在参加高校组织国培项目系统培训的同时，组织开展“星级”校园长暨名优教师培养工程的培训，使之既能胜任国培三大项目的培训工作，又能承担区域教师专项培训的培训任务，更能指导学校校本研修活动。二是培训理念、策略上整合设计：将诊断示范、研课磨课、成果展示、总结提升四环节的培训模式和个人自学与集体研讨相结合等“国培”的理念植入区域教师专项培训之中，并使之成为区域教师专项培训常态化的培训模式；同时将我区教师专项培训高参与、实战式、实效性的培训实施策略运用于国培项目培训之中，丰富完善国培项目的理念和方式，提高国培项目培训的质量和效益。三是培训对象和项目的相互渗透：将国培中涉及的一些特殊学员在参加国培项目培训的基础上，再通过专项培训，进一步巩固提高学员展开课堂教学的四大技能和组织管理的能力。为了加速新教师的成长，使他们尽快成长为合格、优秀教师，我区 2017 年和 2018 年入职的新教师，在参加新教师专项培训的同时，全部纳入国培项目学习，在国培学习中习得方法和技能，逐步形成自己的风格和理念。

第四节　“产出倒逼”的成果预设

“倒逼”原是一种被动行为，意为“迫使、反推”，强化了反常规、逆向促动之意。我们借用这个概念，实则是一种“目标定位”，也就是在培训伊始，就要求培训设计者、培训团队、参培教师都树立起强烈的成果意识，告知大家预设成果的内容及形态，明确在 2 年的“国培”中，我们要完成哪些任务，形成哪些成果，促使教师们在施培、参培的过程中去寻找完成的途径，一边培训一边思考，一边总结、提炼，一边表达。我们试图通过“产出倒逼”来驱动培训设计者、培训团队、参培教师们自主研修、自主成长。

一、江阳区“国培计划（2017）”成果预设

围绕国培项目工作的组织、设计、设施，总结经验，形成五本书，为国家国培工作提供案例，为同类地区国培工作提供参考借鉴（图 1-8）。

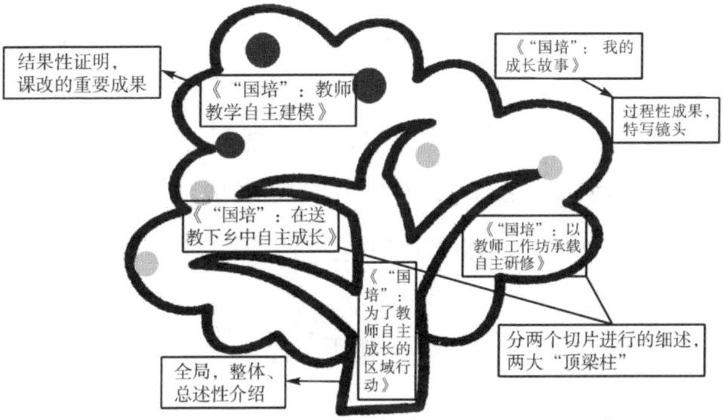

图 1-8 江阳区“国培计划（2017）”成果预设体系

这五本书，全景式地梳理与展现了江阳区“国培计划（2017）”的设计、实施与经验、成果。

第一本《“国培”：为了教师自主成长的区域行动》，是我区“国培（2017）”的总述性专著，全局性、整体性地呈现我区实施“国培计划（2017）”的设计、实施（管理）、评价等。

江阳区的国培工作主要是两个大的方面：送教下乡与乡村教师工作坊研修。围绕第一本，我们设置两个版块进行详细阐述。

第二本《“国培”：以教师工作坊承载自主研修》，介绍了在“国培计划（2017）”实施中乡村教师工作坊研修的运作，我区

常态化的教师工作坊研修运行情况。

第三本《“国培”：在送教下乡中自主成长》，介绍了“国培计划（2017·江阳区）”最大板块“送教下乡”的实施，包括“送教下乡”的计划拟订，送教集体备课，送教现场实施，学员作业，教学评价等。

第二和第三本，是对全局工作的支撑性说明，与第一本的关系是：总述之后分两个方面进行细述，是从两个点出发对面的详细展开。如果说“国培”整个工作是一座巍巍大厦，那么送教下乡与乡村教师工作坊研修，则是这座大厦的两大顶梁柱。

第四本《“国培”：教师教学自主建模》，呈现我区通过国培后，老师们自主建构起来的学科教学模式。这一本是前面三本的结果性证明。当然，这一成果仅仅呈现了“国培”成果之一，还有资源库建设等。但我们期望，这本书成为国培成果中，最具江阳特色的成果之一，推动我区教学改革，提升我区教育教学质量。

第五本《“国培”：我的成长故事》，主要呈现我区国培工作之中、之后的故事。这一本是前面四本的过程性成果，是国培工作中的一个个特写镜头。如果说，国培是一个鲜活的生命体，那么前四本是骨，这一本是肉，有骨有肉本是完整鲜活的生命体。

综上所述，国培成果的五本书，前三本是行动，后两本是行动的结果，前三本是因，后两本是果。

图 1-9 为该项目的部分成果内容框架。

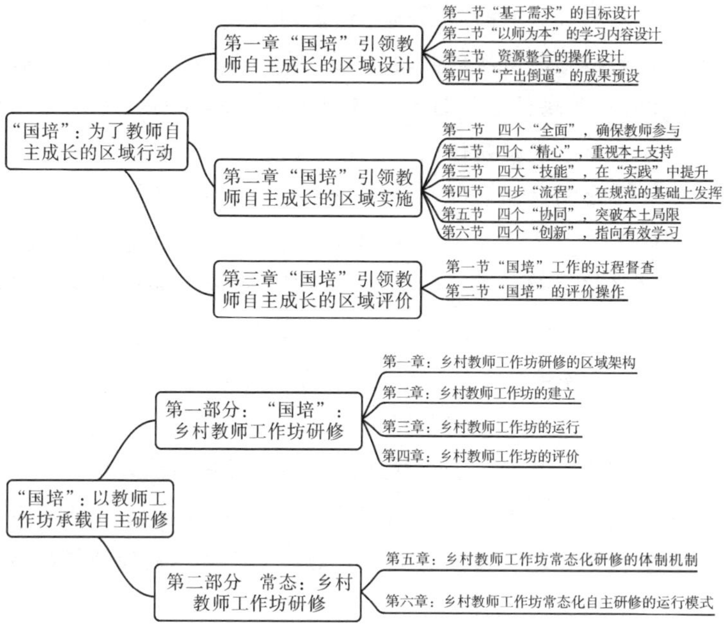

图 1-9　江阳区“国培计划（2017）”的部分成果内容框架

【附】　《“国培”：以教师工作坊承载自主研修》导言

泸州市江阳区的“国培计划”（2017）乡村教师工作坊研修，秉承的理念是：最有效的学习是自主学习，最有效的教师研修是自主研修。自主研修分两个层面，一是教师个体的自主学习、自我修炼；二是合作意义上的自主学与习、练。后者介入了专家引领、同伴互助，以及行政（管理）监控与教师相互间的督促、影响，比个体完全自主的研修，有另外的价值意义和特有功效。

教师工作坊研修的设置，正是基于此。所谓坊，手工制作之所，“坊”之解字，土方法也。这土方法就是，没有捷径，不能搞“高效”，不能工业化生产，就是动手操作，扎实做事。教师工作坊，就是师带徒，在一起做事，做出“东西”来，在做“东西”的过程中学习、研修。这样实战式的研修，对真实参与者，无疑是相当有效的。而这一切，固然需要外力的适度作用，但主要是靠坊主与研修成员的自主，终归是在自主学习与主动研修。所以，“国培计划”选择了这样的一条路径与方式，目标很明显，就是推动教师研修的自主与有效。

泸州市江阳区的教师工作坊研修，就是基于这样的认识，秉承这样的主旨，在接受“国培计划（2017）”的前几年，就已经铺开了教师工作坊或工作室研修，并已形成了较为丰富的管理经验和教师工作坊或工作室研修操作经验。接受“国培计划（2017）”的乡村教师工作坊研修，并非新探索，只是在原有常态化的工作坊或工作室研修的基础上，进一步向乡镇学校延展，并借国培力量、行政推动，建构普惠于乡村教师的工作坊研修载体，以实现更多的教师能够在这种新途径中因务实的研修而成长，还冀望于国培之后，有更多更好的立足乡村教师的工作坊留存，常态化地持续地促进乡村教师专业发展。

因此，泸州市江阳区的教师工作坊研修，与“国培计划（2017）”的乡村教师工作坊研修，是常态的面与临时的点的关系，是区域工作坊或工作室研修背景或大舞台与基于国培的乡村教师工作坊研修的小节目的关系，是已有成功做法向新层面推广应用的关系，是从惠及少数教师逐步变成惠及多数并更多地关注弱势教师成长的关系。

“国培计划（2017）”的乡村教师工作坊研修总结为契机，江阳区认真对照国家建立工作坊研修的要求，梳理出工作坊研修的区域管理经验与工作坊运行经验。为了全景式地呈现这两个方面的内容，本书建构出以下两个部分：

第一部分，“国培”：乡村教师工作坊研修。聚焦“国培计划（2017）”的乡村教师工作坊研修这个点，以国家“国培计划”对设置工作坊研修的要求为指导，介绍江阳区乡村教师工作坊研修的区域架构的思路与做法；介绍具体的乡村教师工作坊的建立，以及这些乡村教师工作坊的运行和评价。

第二部分，常态：教师工作坊研修。全景勾勒江阳区已展开多年的工作坊或工作室研修经验。具体呈现的内容是，一是教师工作坊常态化研修的体制机制，包括体制机制的区域性建构和校本建构；二是呈现江阳区教师工作坊常态化自主研修的运行模式。这些成功模式各具特色，经验可学可用。

形成以上这些内容，我们的意愿是，总结出江阳区的做法形成经验系统，为我们下一步深化教师队伍建设，展开扎实有效的教师研修，打下基础，以求更上一层楼。同时，这些不成熟的做法，希冀对正在或将要展开“国培计划”的乡村教师工作坊研修的地区或工作坊，提供可借鉴的材料，也为没有接受“国培计划”但需要推动教师工作坊或工作室研修的地区或工作坊，提供参考资料。

因为时间仓促，也因为我们的改革探索还尚待完善，所以，本书的内容还有较多疏漏，请阅读者多多指导与批评。

【附】　《“国培”：以教师工作坊承载自主研修》目录

第二节　乡村教师工作坊线下研修的设计与运行
第三节　乡村教师工作坊线下研修的设计与运行举例
第四章　乡村教师工作坊的评价
第一节　乡村教师工作坊的评价
第二节　乡村教师工作坊坊主与骨干教师的评价
第三节　乡村教师工作坊的学员研修评价

第二部分　常态：教师工作坊研修
第五章　教师工作坊常态化研修的体制机制
第一节　教师工作坊常态化研修的体制机制的区域性建构
第二节　教师工作坊常态化研修的体制机制的校本建构
第六章　教师工作坊常态化自主研修的运行模式
第一节　区域性教师工作坊模式举隅（一）
第二节　区域性教师工作坊模式举隅（二）

二、成果提炼的培训

现实中，教师们总是“做的比说的好，说的比写的好”，一提“成果”就谈虎色变，缺乏深度的思考与提炼。为帮助老师们梳理、提炼成果，我们的做法是：培训先行，教给方法，范例引路，做中提炼。在施培与参培的过程中，把常规的工作总结与学习作业变成成果，促使老师们一边培训一边思考，一边总结、提炼，一边表达。具体流程为：明确任务→培训得法→做中记录→做后思考→范例引路→整理提炼。

下文以口语交际课《劝说》为例，展示如何成果提炼。

送教下乡口语交际课《劝说》的成果提炼

第一种成果：教学（教育）叙事。

讲事情的发生、发展（阶段，有波折）、结局。思考可包含在其中，也可以完成叙事后，进行整体性的反思。

开始接受上课任务，怎么想的，确定了怎样的思路，据此设计了怎样的教学方案；第一次试讲，发现了什么问题（或者别人提醒了自己什么），据此对教学设计进行修改；第一次送教上课，是怎样的课堂状态，你感觉到了什么问题；接下来，你的学科指导教师（教研员）怎么评说，老师们在进行诊断、研讨时，又是怎么指出你的课存在的问题的，有哪些问题，据此，你又对课的设计进行了修改；之后，进行第二次送教，发现课堂发生了怎样的改变，好的是什么，仍然还存在什么瑕疵，老师们再次诊断与磨课还提了些什么……最后，你的发现或（小结性的）反思。

第二种成果：经验论文。

隐去生活化的经历与情节，直接呈现出你的思维结果，如《"劝说"型口语交际课该怎么上》。内容如下：

"劝说"型口语交际课，是怎么样的课型，它的课的内容、特点是些什么。

上好"劝说"型口语交际课，应该充分注意以下几点：

第一，营造真实或拟真的问题情境，激起学生劝说的主动愿意表达的真正积极性，这点非常重要。

真实或拟真的问题情境是怎样的，如何才能真正激发学生发自肺腑地想去劝说。

第二，教给学生方法与技巧，训练学生怎么说清楚、说具体、理由充分，使劝说有力。

训练学生如何构思要点，如何将理由说充分、说具体。

训练学生如何站在对方立场，以情动人，将劝说说到对方的心坎上。

第三，在劝说场景中展开劝说，教给学生应对对方不听劝的技巧，体现交际的真实互动、应对训练的落实，应对方法的感悟与提炼。

第三种成果：教育科研课题。

问题现象：小学劝说类口语交际课上得不理想，学生劝得“不痛不痒”，达不到通过劝说而改变别人行为的目标。

核心问题：没有找准劝说类口语交际课必须做好的关键点，导致达到劝说的教学措施不力。

课题名称：《小学劝说类口语交际课增强教学实效性的措施研究》。

本体性目标（成果）：找到小学劝说类口语交际课的教学关键点，及其提高教学实效性的措施。

研究的内容与改革措施：

第一个关键点：激发学生想去劝说，有主动去劝说的冲动。

措施：情境创设，即具体的措施有哪些，创设的基本原则有哪些。

第二个关键点：为了劝说成功，让学生有话说，能够将劝说的理由说充分。

措施：搭建言说支架，让学生学会构思；让学生掌握为自己构思要点找到充足的理由的方法；让学生充分练习，达到能自如表达的状态。

第三个关键点：为了劝说成功，让学生掌握劝说实战技巧。

措施：对劝说内容的巧妙包装，教给学生应对对方不听劝而改变话语与劝说方式的技巧。

【附】关于开展国培项目“工作坊自主研修”约稿通知（节选）

××工作坊：

为了充分展示教师们在“国培项目”中的成长历程，总结提炼“国培项目”的优秀成果，发挥“国培项目”对我区中小学教师培训的引领示范作用，推动广大教师在学习中反思，在交流中提高，特邀请贵工作坊将研修情况梳理总结，形成经验文章，期待您的参与。

约稿要求：

（1）名称《××工作坊自主研修经验介绍》。

（2）梳理总结工作坊的情况，包括工作坊的概况介绍、研修情况及取得的成效三个方面。

（3）来稿作品字数在3 000~4 000字，请严格控制字数。

（4）来稿格式见附件。

（5）稿件发到邮箱：100764600@qq.com。联系电话：18008211080。

（6）征稿截至日期为2019年5月4日。

（7）作品将编入《国培：以教师工作坊承载自主研修》一书并出版发表。

泸州市江阳区教研培训中心

2019年4月18日

【附件一】约稿单位及负责人

编号	单位	领衔人	工作坊名称
1	教培中心	熊生贵	练能工作坊
2	教培中心	袁小平	泸州市小学数学教育研修工作坊
3	教培中心	陈洪平	“德智源”工作室
4	泸州七中	郭佳琴	“心灵桥”班主任工作坊
5	忠山小学	费国平	“生长教育”工作坊
6	渔子溪小学	马宁	“非常5+2”工作坊
7	黄舣小学	万明丽	青年教师成长工作坊
8	石寨学校	周中尧	“蒲公英”练能工作坊
9	通滩中学	陈欣	“心舞·馨园”工作坊
10	力行路	彭俊	思敏工作坊
11	广营路小学	刘正芬	校本研修管理工作坊
12	泸州十中	郑尚刚	“五步”教育管理工作坊
13	实验小学	何蓓蓓	荷韵工作坊

【附件二】来搞格式

一、字体字号

题目为黑体，小二号字，居中。正文为宋体，小四号字，段落行距为单倍行距，首行缩进 2 个字符，正文以文本内容为主，可适当配以照片或截图，若有插图，须对插图作简要文字说明，并将插图版式设为四周型。正文结尾处右下角写清楚作者的姓名、学科、单位。

二、页面设置

纸张 A4，上下页边距为 25 毫米，左右页边距为 20 毫米。

三、文章条述方式

以中文、阿拉伯数字、英文字母分列，依序为：一、（一）1.（1）A.（A）a.（a）……，以此类推。

四、《常用标点符号使用规范》

（1）标有引号的并列成分之间、标有书名号的并列成分之间通常不用顿号。若有其他成分插在并列的引号之间或并列的书名号之间，宜用顿号。

（2）标示时间、地域的起止一般用一字线（占一个字符位置），标示数值范围起止一般用浪纹线。

（3）用分号隔开的几个并列分句不能由逗号统领或总结，应用分号。

（4）分项列举的各项或多项已包含句号时，各项的末尾不能再用分号，应用句号。

（5）同一形式的括号应尽量避免套用，必须套用括号时，应采用不同的括号形式配合使用。

（6）带括号的汉字数字或阿拉伯数字表示次序语时不加点号，不带括号的阿拉伯数字、拉丁字母做次序语，后面用下角点（圆心点）。

（7）图或表的短语式说明文字，中间可用逗号，但末尾不用句号。即使有时说明文字较长，前面的语段已出现句号，最后结尾处仍不用句号。

（8）标示公文发文字号中的发文年份时，应使用六角括号。

（9）书名号内标示停顿时用空格。

（10）括号内行文末尾需要时可用问号、叹号和省略号。除此之外，句内括号行文末尾通常不用标点符号。

（11）附件名称后不用任何标点符号。

（12）二级标题在换行分段时不使用句号，如使用句号则不需要换行分段。

【附件三】样稿

熊生贵练能工作坊自主研修经验介绍

一、工作坊概况

二、工作坊自主研修活动的开展

（一）理性建构，“技术”梳理，教学设计

（二）开展活动，研讨教学，诊断改进

（三）总结反思，撰写论文，编写专著

1. 开展专题研讨，组织撰写经验论文

2. 选择前沿课题，组织策划编写专著

（四）立项研究，提炼成果，结题申报

三、成效方面

（一）成果

（二）效果

1. 刷新了语文教学课堂常态，推进了我区课堂教学结构改革

2. 推进了学校的文化建设，使学校得到长足发展

3. 工作坊的成员成长非常快，发展迅速

（三）推广应用

第二章 “国培”引领教师自主成长的区域实施

“国培”工作能取得成功的关键是实施。因此，结合品质教育发展需要和教师专业成长需求，我们将“国培”工作划分为送教下乡项目、网络研修项目和工作坊研修项目。其中，送教下乡项目为“国培”工作的重点项目，网络研修与工作坊研修两个项目作为“送教下乡”项目的辅助项目。每一个“国培”项目都由区教研培训中心的一位校级干部负责实施与考核。为此，负责“国培”项目的校级干部牵头成立工作组，具体组织实施“国培”项目，主要有确定工作职责、制定项目制度、拟定实施方案、开展研培活动、落实过程调控和指导成果提炼。通过“国培”项目的实施，我们探索出有效开展“国培”工作的“六个四”举措（图 2-1）。

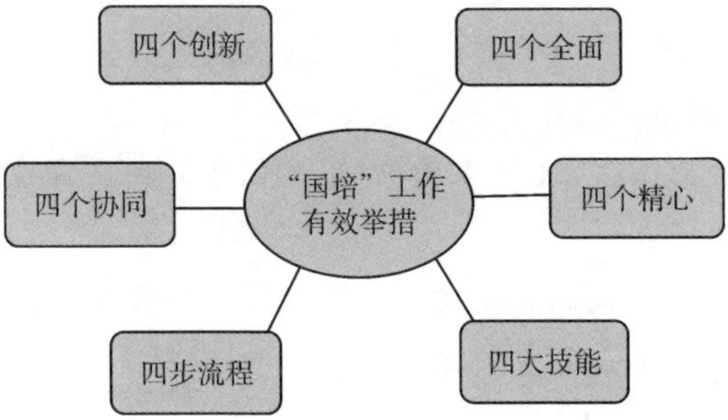

图 2-1 “国培”工作的“六个四”举措

第一节　四个“全面”，确保教师参与

我区为了确保“国培”项目县培训活动能够全面达成培训目标，确保全区乡村教师有时间、有条件参与“国培”项目县项目培训，整体提升全区教师业务素质和专业技能，采取了四个“全面”措施，确保教师参与培训。

一、送教至全区每一所学校

区国培项目办认真做好培训的需求调研，以调查问卷、现场走访等形式，准确了解学校的办学规模、学校的办学条件、教师的专业发展现状及培训需求等，为国培项目的实施提供依据。在送教下乡安排上，区国培项目办考虑学校的培训需求、办学条件及教师构成，安排送教学科；实施前以文件的形式通知到学校，送教管理团队主动与学校协调联系，落实培训交通、教学场地、学员工作餐等事项，确保送教工作顺利进行。在国培项目实施期间，区国培项目办共开展送教下乡培训 491 场次，覆盖全区 31 所乡村学校，承担送教任务的学校（图 2-2）：10 场以下的 8 所，11 到 20 场的 14 所，21 到 30 场的 6 所，30 场以上的 3 所。培训让乡村教师在校门口就能够接受专业培训。

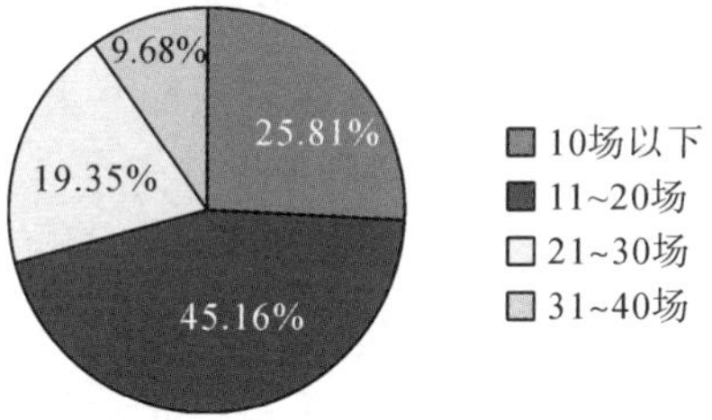

图 2-2　承担送教任务学校统计

二、覆盖义务教育全学科

按照全面均衡的原则和要求，《泸州市义务教育课程设置方案》中设定的义务教育课程计划表中各学科均列入送教下乡的培训计划，在拟定送教下乡培训方案时，提前对全区中小学段任课教师进行摸底调查统计，根据学科专任教师的人数分布情况进行分班，对同时任教多个学科的，只参与主要任教的一个学科进行送教培训，最后形成覆盖义务教育阶段19个学科，共41个送教班级的送教下乡安排。结合当前教育发展的趋势，在19个送教学科的基础上，我们另外开设了中小学心理健康送教班，希望通过送教下乡培训，提高全区教师特别是班主任教师和专兼心理健康教师开展心理健康教育、心理咨询、心理疏导等活动的能力和水平。

【心理健康送教方案】

小学心理健康学科实施方案（节选）

根据四川省教育厅《关于做好2017年“国培计划”—中西部项目和幼师国培项目实施工作的通知》（川教函〔2017〕740号）文件要求，为做好“国培计划”（2017）——农村中小学教师“送教下乡”培训项目，根据江阳区送教下乡项目的总体规划，制定本方案。

一、指导思想

依据中共中央、国务院《关于全面深化新时代教师队伍建设改革的意见》、全面贯彻党的教育方针和习近平关于教育的重要论述落实基础教育立德树人根本任务，以教育部、四川省教厅文件精神为指南，结合乐山师院、新思考网的相关工作方案，按照“整体规划、主题突破、整合资源、分步推进”的原则积极探索“国培”项目工作，以教师教学技能提升为载体，在保质保量完成好规定动作的基础上，积极创新乡村教师培训模式，提升培训实效，促进全区乡村教师专业发展，进而促进全区教学质量的整体提升。

二、培训目标

我区通过“心成长 1+5”模式，以构建校园欺凌课程体系的课题研究，与乡村心理健康教师共上一个课程，共读一本书籍，共设一个活动，共谋一个方案，共建一个网修，寻求国培小团队成长模式，促进国培计划多样性、全方位开展，为推动全区中小学心理健康教育工作的开展做好一个点的示范。

1. 构建并打造指导乡村心理健康教师专业发展的优秀送教团队。

2. 诊断乡村学校心理健康学科教育教学、心理健康教师专业存在的主要问题，形成诊断报告。

3. 通过学生问卷调查，形成江阳区中小学生校园欺凌的现状调查及分析。

4. 开发并形成帮助乡村心理健康教师能研究课题，能上课，能策划特色活动，能撰写学校心育工作方案等专业技能培训的课程资源包，包括课例、讲座稿、诊断工具、学习资料。

5. 引导和帮助乡村心理健康教师提高师德水平，更新教育教学观念，增强学习与工作的积极性，提升专业技能。

6. 促进乡村学校心理健康教育服务体系的建立，提高心育质量。

7. 形成帮助乡村中小学心理健康教师专业发展的“送教”培训体系，以恰当的形式呈现送培工作成果。

（摘自《小学心理健康学科送教下乡实施方案》）

三、乡村学校教师全员参加培训

通过统计和分析，全区2 162名乡村教师全员参与国培项目培训，其中送教下乡培训学员也全部参加。在人数较多的学科

（如小学语文、数学，初中语文、数学、英语）内分班时，首先是将全区乡村学校按地域分为江南片和江北片，将同一学校同一学科的教师平均安排到本片本学科的各送教班中；在送教时间的安排上，小学语文和数学，初中的语文、数学和英语，不安排在同一天，避免因同一教学班学科教师参加培训过多而影响学校正常教育教学秩序。同时，在送教下乡培训实施过程中，部分学科（如初中地理、生物、化学、道德与法制等）把城区教师也列入培训活动中，覆盖全区学科教师。全区义务教育阶段近两年新入职的教师也全部作为培训对象，全员全程参加送教下乡培训。

在所有乡村教师参加送教下乡培训的同时，将乡村教师人数较多的学科中，相对年轻且有潜力的教师组建成教师工作坊，参加教师工作坊研修项目，在坊主（名优骨干教师）引领下，开展教师工作坊研修。全区共安排1 060名教师组建 21 个工作坊，覆盖中小学语文、数学、道德与法制、初中英语等学科。另外1 102名乡村教师，按照学科建班，全部参加校本研修与网络研修整合项目的学习。

四、参培学员全程参与

我区自确立国培培训项目以聚焦课堂展开教师教学的四大技能（解读与建构教学内容的技能，设计教学的技能，课堂实施的技能，教学评价的技能）为内容后，国培三大培训项目及区专项培训从不同的角度和切入点实施培训，其终极目标均指向教师教学的四大技能。

为确保学员深入了解送教下乡培训各环节的要求，选择最恰当的、最贴近学员实际的培训课程和学员最喜欢、最有效的培训方式实施培训，实现最理想的培训效果的愿景，我区各学段、学科依据需求调研汇总的信息，按照培训目标导向，组织送教培训活动学员全程参与。学员既是学习者，也是培训者。

1. 参与培训课程的选定和设计

按照学科送教下乡方案设计安排的每次送教下乡培训的主题，学科送教团队根据本班学员的具体情况，初步选定培训课程，并进行初步的设计：研讨课上课教师的教学设计、骨干教师示范课的教学设计、专题讲座的主要内容等，通过班级 QQ 群推送给每一位学员，听取学员的意见和建议，并根据反馈的意见进行调整和修改，最后形成活动设计的定稿。在这一过程中，学员站在培训者的角度，审视培训活动的选题、设计及培训环节，提高了学员整体把握培训活动的能力。

2. 参与课后的评课

送教学员的研讨课和送教团队的示范课完成后，所有学员都可以参与评课，都有机会发表自己的观点。制度上明确提出：评课环节实行“2+2”评课，即每位评课者必须说出两条优点和两条不足。在程序上，将送教班学员分成几个组参加评课，每小组汇总意见后由小组派代表在全班交流。这种评课方式促使学员在听课中思考，在交流中完善、提升。

3. 参与成果展示

通过诊断示范、研课磨课等环节，每位学员在培训团队的引领下，通过同伴互助研讨，多次修订、完善自己的教学设计，最后形成了自己独创的、带有自己鲜明特色的教学设计。组织者通过说课、优质课展示等形式，为学员搭建成果展示的平台。

【学员成果展示】

《立体图形的展开图》说课稿

一、析教材

《立体图形的展开图》是七年级《数学》（上）第四章第一节几何图形的第三课时，在本章教材的编排中起着承上启下的作用。本节教材从学生生活中熟悉的物体入手，使学生进一步认识立体图形与平面图形的关系。要让学生了解立体图形可由平面图形围成，而且立体图形可按不同方式展开成平面图形，更重要的是让学生通过观察、思考和自己动手操作，来经历和体验图形的变化过程，初步了解研究立体图形的方法，同时也为平面图形的引入作准备。

二、明学情

知识结构：已学过简单立体图形及其侧面展开图，对立体图形已有一定的认识，能辨认从不同方位看到的物体的形状和相对位置。

心理特征：初一学生具有活泼、好动的特点，对新的知识内容好奇心较强，但抽象思维能力和空间想象能力比较弱，认识问题不够全面周到。

新课程标准对这部分教学内容的要求是：在探索平面图形与空间几何体的相互转换等活动过程中，初步建立空间观念，发展几何直觉。根据这一要求，结合学生学情分析，我确定本节课的教学目标为第三部分内容。

三、定目标

1. 了解直棱柱、圆锥等简单立体图形的侧面展开图。

2. 进一步认识立体图形与平面图形之间的关系。在平面图形和立体图形互相转化的过程中，初步建立空间观念，增强几何直觉。

3. 通过动手观察、操作、类比、推断等数学活动，积累数学活动经验，感受数学思考过程的条理性，发展形象思维。学生通过相互之间的交流活动，培养主动与他人合作交流的意识。

根据教材内容与教学目标，确定本节课的教学重难点重点。

4. 教学重、难点

重点：正方体的展开图。

难点：正确识别展开图中对应面中的位置关系。

四、讲策略

（一）教法分析

基于学生思维的起点，为了突出教师为主导、学生为主体的教学原则，实践学校倡导的“自主协助式”教学模式，在组织教学中，我主要采用了多媒体教学、小组合作探究法和直观教学法。

（1）发挥多媒体的优势。充分发挥多媒体技术的优势，让学生在直观的数学情境中学习正方体的表面展开图，使抽象的数学知识适当地形象化，吸引学生的注意力，激发学生学习的积极性。本节课用希沃白板制作了一个课件，直观地演示了正方体的表面展开图，与教具相比，有独到的优势。

（2）让学生自主探究，合作交流探究，是对问题做出猜想、假设、证明的过程。这是一个活动过程也是学生的思维过程，对学生的发展来说是最重要的。在本节课中，我引导学生通过动手操作、合作探究正方体的各种展开图的情况，使内容一步一步地展开，培养学生的探究意识。

（3）直观教学，让学生在动手中学习数学活动是数学学习的重要特征。新课标十分重视数学活动的设计和实践。在教学中，学生应多实践、多操作，在此基础上去感悟知识，主动获取知识。本节课在教学中让学生运用先做好的正方体，通过对正方体的展开，发现正方体展开图的形状，让学生在动手中掌握知识，有助于激发学习兴趣，提高学习内驱力。

（二）学法分析

教学中重视指导学生掌握一些最基本的学习方法和数学思想。学生通过本节课的教学，学会观察、归纳的学习方法，掌握转化思想，培养学生的空间想象能力，充分调动学生自己动手、动脑的主观能动性，引导他们自己分析、讨论、得出结论。

（三）设计理念

新课程的理想课堂教学应该蕴含如下理论：生活性、发展性和主体性。应遵循以下原则：与学生生活实际联系紧密，直观性强，动手要多，使学生兴趣要高，自信心要强，即可以概括为用经验观察、思考、释疑，通过活动进行再创造。

（四）课前准备

学生在课前准备好剪刀、透明胶、至少一个正方体。（要求：①棱长 10cm；②把正方体的对应面用红、黄、蓝三种颜色涂上）

（五）教学过程

1. 创设情景

电脑出示：生活中的精美的包装盒图片，并提问：你认为设计制作一个包装盒需要了解什么？

设计意图：使学生意识到生活中蕴含着数学知识，数学与生活是密不可分的，同时精美的手工艺品给学生视觉美的享受，学生在感受美的过程中激起了学习兴趣。老师的提问调动了学生探究的欲望，使新课的导入自然。

2. 自主学习

（1）学一学。

学生观看视频学习回答：什么是立体图形的展开图？了解常见立体图形的展开图。

（2）连一连。

如图下面的图形分别是下面哪个立体图形展开的形状？把它们用线连起来。

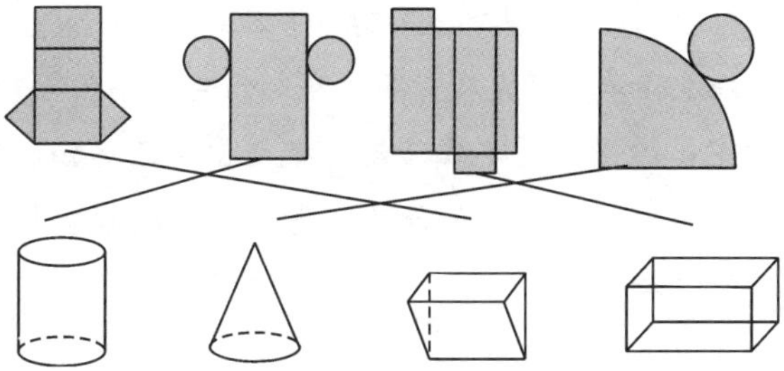

设计意图：通过视频形象生动地展示生活中常见的实物体，学生有这些实物的形象概念，学习过程容易深入思考，为学习正方体的展开图做铺垫。

3. 合作探究

活动一：剪一剪。

将一个正方体的表面沿某些棱剪开，能展开成哪些平面图形？(要求：沿着棱展开，展开后是一个完整的平面图形)

学生先独立完成，然后小组讨论交流，教师巡视指导，再由学生代表将正方体展成平面图形，并按预先设计的位置粘贴到黑板上。

设计意图：学生通过观察、推断、实际操作，认识到正方体展开图的多样性和规律性，体会从立体图形到平面图形的展开过程，增强几何直觉；同时，学生还可以培养动手能力，感受知识来源于实践，并且作品成果的展示让学生有成就感。

活动二：分一分。

第一，观察下面的 11 种正方体的展开图有没有什么规律？

第二，小组讨论这些正方体展开图可以分为几类？哪几号展开图可以分为一类，为什么？

设计意图：学生通过实践活动，概括出自己感知的知识，培养学生的分析、概括、表达的能力；帮助学生梳理知识，形成规律，找出解决问题的方法。

活动三：归纳总结。

师生在共同探讨中将展开图归类为 141 型（6 种）231 型（或

132型，3种）33型（1种）222型（1种），同时给出记忆的口诀。在此基础上让学生探究展开图中相对的面有什么位置特点。

设计意图：学生通过实践活动，概括出自己感知的知识，培养学生的分析、概括、表达的能力；帮助学生梳理知识，形成规律，找出解决问题的方法，使学生认识上升到一个新的台阶。

4. 课堂练习

（1）下面六个正方形连在一起的图形，经折叠后能围成正方体的图形有哪几个？（动手试一试）

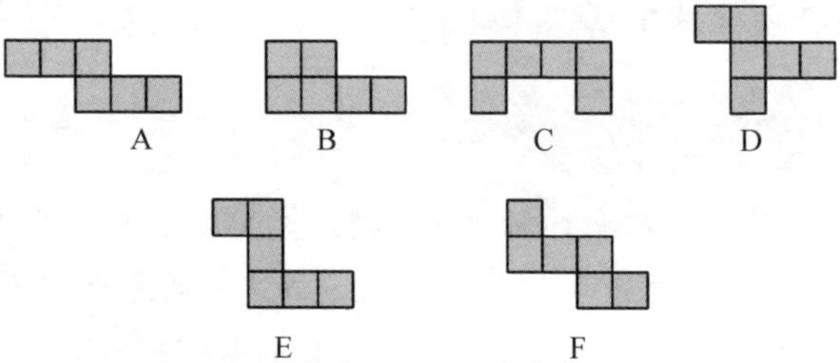

活动四：思一思。

几种常见的不能折叠成正方体的图形。

总结口诀：一条线上不过四，田七和凹要放弃。

（2）如果“你”在前面，那么谁在后面？

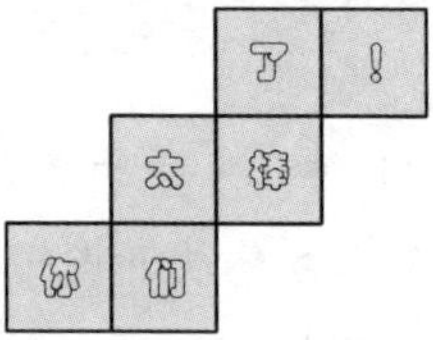

设计意图：以练习促反思，帮助进一步熟悉正方体的展开图。

（3）下图是一个正方体的展开图，标注了字母A的面是正方体的正面，如果正方体的左面与右面所标注代数式的值相等，求x的值。

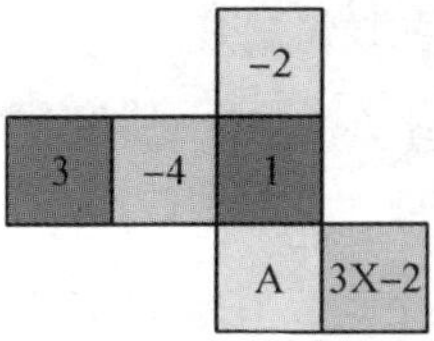

设计意图：帮助学生了解正方体展开图中对应面的位置关系，使学生的知识上升到一个新的台阶。

(5) 课堂小结。

本节课你收获了什么？

设计意图：帮助学生记忆知识，培养学生的总结反思能力。

(6) 作业布置。

必做题：略。

选做题：略。

设计意图：巩固所学，同时选做题满足不同学生的需要。

（送教下乡数学一班学员　李诗晗）

第二节　四个“精心”，重视本土支持

一、精心建构保障体系

“国培计划（2017）”中西部项目县培训项目的组织实施，时间长（两年），项目多（培训团队和乡村教师共4个项目），参训学员多（全区所有乡村学校教师），学科覆盖面广（义务教育阶段所有学科），培训团队成员在全区学校中遴选，同时近两年新录用的新教师也参加国培学习，是全区性的培训活动和一项系统工程。活动的组织开展、人员的统筹调度、活动的秩序保障、培训的过程管理等，需要构建起国培保障体系来为国培保驾护航。

（一）制定完善国培工作制度

区国培项目办认真组织学习、研究国家、省国培项目办相关国培项目县培训项目精神，组织项目办成员到国培项目优秀县区观摩，学习其管理实施经验，在此基础上结合我区培训项目及培训内容、培训目标、培训队伍及国培成果预设等情况，制定和完善国培工作制度。

为加强国培项目顶层设计，从全区层面规范要求国培各项目的培训工作，项目办对培训项目的组织管理、组织实施、成果提炼等提出明确要求，并以教育行政部门文件的形式下发，为规范操作提供依据。

【项目实施管理办法】

泸州市江阳区教育局关于印发
《泸州市江阳区国培项目县项目实施管理办法》的通知

各中小学、教研培训中心：

为加强国培项目县培训项目工作的管理，提高工作质量和效益，现将《泸州市江阳区国培项目县项目实施管理办法》印发你们，请认真贯彻执行。

泸州市江阳区教育局

2018 年 4 月 19 日

泸州市江阳区国培项目县项目实施管理办法

第 1 章　总则

第一条　江阳区国培项目县培训项目包括：教师培训团队研修、送教下乡培训、教师网络工作坊研修、校本研修与网络研修整合四个子项目。在两年内按省教厅国培项目办的总体要求和江阳区实施方案规划，分步实施，保质保量完成培训任务，促进全区乡村教师队伍素质整体提升。同时形成区域特色和经验，为同类地区提供参考和借鉴。

第二条　国培项目县培训项目的主要任务是：解决江阳区乡村教师教育教学中存在的实际问题、提升教育教学质量，促进学生核心素养提升，实现学生从“不会学习”到“学会学习”。

（摘自：泸江教发〔2018〕33 号）

在具体实施的过程中，各项目组在区项目办总体要求框架下，针对项目实际，制定各项目工作制度，为项目规范操作制定底线规则。

（二）落实国培经费的保障

“兵马未动，粮草先行”，管好用好国培项目专项经费，使之发挥最大效益，是每一个国培项目县、每一个国培管理者的职责和义务。我们根据国家国培经费管理规定，以及与乐山师范学院、新思考网签订的三方合作协议，制定江阳区国培经费管理办法，对国培经费的开支原则、开展范围、开支标准、开支程序等提出明确规定和要求，确保国培经费开支的合规、高效。

【国培经费管理办法】

三、经费报销要求及程序

（一）报销要求

1. 所有报销项目，均按照国培和上级财经纪律要求落实。

2. 所有报销项目，均由具体经办人（班学科负责人和行政班主任）对票据的真实性负责，并在票据或表册上签名。

3. 各项目负责人对本项目支出的所有票据或表册要认真初审并签名，确保报销项目真实、合法。

4. 所有票据（专家讲课费、教师授课费、班主任费、学员伙食费除外）均须是正规发票，杜绝白条现象。

5. 专家交通费按标准报销（报销单据由教研员代专家填写差旅费完成报销手续）。

6. 国培学员参加集中研修活动的交通费回原单位报销。

7. 教培中心相关班级管理人员、授课教师的交通费按中心规定报销，不报生活补助费和公杂费。

8. 所有个人劳务报酬均转帐支付。

（二）报销程序

1. 学员伙食费：先由研修项目承办学校垫付，学科负责人收集参培学员签到册并统计参培人数（非国培项目学员在备注栏中注明）填写信息简表作为报销附件，并登记汇总学员就餐信息表交师培室汇总后，项目负责人审核，并由中心主任审批后划拨给垫付学校。

2. 专家劳务费（含班务管理）：由学科负责人（或班级负责人）按照每次活动实际聘请专家人数（含区内专家），如实准确填写活动信息简表，并填报专家信息交处室负责人审核后由师培室汇总，项目负责人审核后由中心主任签字后，交中心财务室打入专家个人账户。

3. 其他费用：由具体项目经办人列出支出明细清单并出具相关票据交中心办公室初审签名，报中心分管领导审核和中心主任审批后按实报销。

（摘自《泸州市江阳区国培经费管理办法》）

二、精心培育培训团队

打造一支结构合理、素质优良的培训者队伍，使之能承担国培项目县培训项目的培训任务，是乡村教师培训团队研修项目培训的主要任务。从区域教师培训的角度出发，这支队伍的素质，决定着国培项目实施及质量，甚至将影响相当一段时间和一个区域教师培训的质量，再通过他们影响全区教师专业发展的进程，进而影响区域整体教育事业发展的水平。因此，抓住“选择”“培训”“管理”等几个关键环节实施培训团队的打造非常重要。

（一）精心选拔，优中选优

结合国培项目培训的需要和区域教师培训规划，国培领导组制定国培培训团队成员的选拔标准：突出师德素养、专业能力和专业精神，强调发展性和可塑性。规范选拔流程：坚持选拔四环节，即个人申报→专家评审→教育局审核→公示，强调公正、公平、公开、透明，杜绝暗箱操作（表 2-1 为按此流程设计的推荐表）。考虑覆盖面：学科团队要覆盖义务教育阶段所有学科，强调突出学员的自愿性。区教研培训中心义务教育阶段各学科教研员作为区域学科教学研究的引领者，必须参加培训者培训，同时也是该学科培训者团队负责人，在参与培训、提升自我的同时，还肩负管理、指导学科培训团队成员的责任。

表 2-1“国培计划（2017）”项目县培训者后备人选推荐表

<table>
<tr><td>姓名</td><td></td><td>性别</td><td></td><td rowspan="3">相片</td></tr>
<tr><td>第一学历</td><td></td><td>学位</td><td></td></tr>
<tr><td>出生年月</td><td></td><td>专业</td><td></td></tr>
<tr><td colspan="2">参加工作时间</td><td></td><td>毕业院校</td><td></td></tr>
<tr><td colspan="2">工作单位</td><td colspan="3"></td></tr>
<tr><td colspan="2">工作简历</td><td colspan="3"></td></tr>
<tr><td colspan="2">承担培训或经验交流情况</td><td colspan="3"></td></tr>
<tr><td colspan="2">承担课题研究情况</td><td colspan="3"></td></tr>
<tr><td colspan="2">赛课或技能竞赛获奖情况</td><td colspan="3"></td></tr>
<tr><td colspan="2">所获荣誉</td><td colspan="3"></td></tr>
<tr><td colspan="2">自荐(推荐)理由(100字以内)</td><td colspan="3"></td></tr>
<tr><td colspan="2">单位意见</td><td colspan="3"></td></tr>
<tr><td colspan="2">专家组意见</td><td colspan="3"></td></tr>
<tr><td colspan="2">教育局审批</td><td colspan="3"></td></tr>
</table>

【学员遴选条件、程序】

一、条件

1. 热爱教育，师德优良，在教育教学中具有一定的引领和示范，并乐意承担培训任务，能发挥“种子”作用的教师。

2. 年龄在45岁以下。

3. 区级骨干教师以上（含区级），各类赛课、技能大赛区级一等奖以上（含区级一等奖）。

4. 承担过校级及以上经验交流或专题讲座。

5. 承担过区县级及以上立项课题主研。

二、申报方式

个人自荐、单位推荐、专家推荐等方式均可。

特别说明：省级骨干教师、省级名师和参加星级校园长培训的人员不参加申报。

三、遴选程序

个人申报→专家评审→教育局审核→公示。

（节选自教育局文件通知）

入选国培培训团队成员的教师，十分珍惜这难得的培训机会，把参加国培培训者培训视为自己专业成长的一段重要历程，纷纷表示珍惜机会，努力充实提高自己，实现由优秀教师向优秀培训者的角色转变。

【学员代表在开班典礼上的讲话】

尊敬的各位领导、学友：

大家好！有缘培学乐山相逢，寒冬犹觉春意甚浓！我是来自泸州市江阳区×××小学校的×××，很荣幸代表学员分享参加这次培训的激动、喜悦和感受。感谢四川省教育厅为我们提供宝贵的学习机会，搭建成长的平台，感谢乐山师院为我们提供优良的学习环境，感谢市区领导及教研培训中心对我们的信任和栽培，感谢各位领导给予我这次锻炼的机会！

首先给大家分享一段小插曲。由于个人愚笨，脑子常常不好使，我每次看重要的文件，总是一个字一个字地念出来，以便理解得更透彻。接到乐山师院培训班的开班通知书，我像往常一样念出来：“×××同志，您好！经所在单位和所在市州教育局推荐，您被选送参加‘国培计划（2017）——中西部幼师国培项目教师培训团队研修集中培训，谨向您表示热烈的欢迎’！”“市州教育局推荐”“中西部”“国培”，哇，好高大上的培训！我激动得不由自主地猛敲了一下电脑桌，糟了，接触不灵的电源线被震掉了！

再和大家共勉我们学校教师的心声。前几天，我校召开了学校三年发展规划教师座谈会。语文、数学、艺体三个学科的老中青教师一致建议：增加教师外出培训的机会，教师不能坐井观天，更不能固步自封，教师需要不断学习提升，知识、学养要同年龄一齐增长，并且要拿出一天走一万步的激情和动力。我们是幸运的，也是幸福的，我们来自江阳、纳溪、资中三个县区的老师踏上了拔节生长的学习之旅。

接着和大家分享和区教培中心一位领导的一番交谈。

领导：××，国培学习后你们要承担区“国培计划送教下乡、教师工作坊、网络研修”等相关工作哟，你们这次培训是培训者的培训。

我：噢，培训者的培训。导师培训我们，我们培训乡村教师，我们专业素养提高了，又去把乡村教师的教育教学水平也提高一把，让城市、乡村的学生都能享受更均衡、优质的教育，对不？

领导：对，很对，非常对！

最后表明一个态度。各位领导，我代表所有学员郑重承诺：我们将珍惜此次宝贵的学习机会，严格遵守学员准则，按时参加培训，不缺席，不迟到，不早退。认真倾听每一位导师的讲解，做好学习笔记，及时反思、内化。学员之间团结互助，积极分享交流，积极参加各项实践活动，尽最大努力完成各项任务，不辜负各级部门和各位领导对我们的信任和寄予的厚望。我们会借助这为期两年的培训，不断往上爬，做到一天一收获，一天一进步，一天一提升！

谢谢大家！

发言人：×××

2017 年 12 月 16 日

（二）精心培训，力促提升

国培计划乡村教师培训团队的培训，是通过“乡村教师培训团队研修项目”的实施来完成的。这个项目的实施主要由高校承担，其目的是提升学员能力素质，使学员能承担国培项目县培训项目。

【主要任务】

通过高等学校集中研修、“影子教师”跟岗实践、返岗培训实践和总结提升四个阶段的系统培训，重点提升参训学员的培训能力，使其胜任送教下乡培训、网络研修和校本研修整合培训、教师工作坊研修，为全面提升乡村教师能力素质提供有力保障。

摘自四川省《乡村教师培训团队研修项目实施办法》

1. 国培培训者培训，注重组织管理

培训周期长，学员多，涉及学校面广，项目区县的主要工作是学员的组织和协助高校在培训过程中对学员实施管理。为争取学校协调安排学员工作，帮助学员克服工学矛盾，确保所有学员按时参与，每次培训前，由区教育局发文进行统一安排：明确请假的程序手续，明确学习时间及培训安排，统一安排车辆，专人清点人数并负责途中管理。培训过程中，完善组织管理网络，加强培训过程及学员培训期间的管理，确保学员培训学习及培训期间的安全。

【培训通知】

泸江教函〔2018〕222号

泸州市江阳区教育局关于国培项目培训者

“第一年度总结提升暨第二年度第一次集中培训”的通知

各相关中小学、教研培训中心：

根据乐山师范学院《国培计划（2017）——中西部项目和幼师国培项目教师培训团队研修第一年度总结提升暨第二年度第一次集中培训的通知》〔乐师培字（2018）第05号〕文件通知，我区将组织参加乐山师范学院举办的国培培训，现将有关事项通知如下：

一、培训对象

详见《江阳区中小学培训者培训名单》（附件1）

二、培训安排

详见《国培计划（2017）——中西部项目和幼师国培项目教师培训团队研修第一年度总结提升暨第二年度第一次集中培训的通知》〔乐师培字（2018）第05号〕（附件2）

三、注意事项

（一）请学校通知相关人员务必按时参加培训，并做好参培者的工作安排。

（二）请相关人员仔细阅读《第一年度总结提升暨第二年度第一次集中培训的通知》文件，领会文件精神，做好培训准备，带齐资料参加培训。

（三）请参培人员于7月5日下午13：50在江阳区教研培训中心正大门（学院中路253车站）集中，14：00准时集体乘车出发。

（四）中小学分别由邢杨、袁小平协助乐山师院负责培训管理。

附件：1. 江阳区中小学培训者培训名单

2. 国培计划（2017）——中西部项目和幼师国培项

目教师

培训团队研修第一年度总结提升暨第二年度第一次集中培训的通知（乐师培字〔2018〕第05号）

泸州市江阳区教育局

2018年6月25日

培训过程中，学员相互提醒、相互督促，积极参与班级、小组组织的交流展示活动，优质完成培训机构布置的学习任务，努力提升自己。

【学员心得体会】

遇见，一种缘

相遇是一种美丽的缘份，于千万份职业中遇见教师，缘份便由此而生；众多的培训中，遇见（2017国培计划）培训者培训，一份美丽的缘份由此开始。今天遇见来自广西师范大学的王文蓉教授，这些关键词便与我结缘：聪明、勤奋、工资不高，以学生为中心……

王教授的讲座“缘”起拿破仑的故事，故事告诉我们世界上有四种人：既聪明又勤奋，聪明但不勤奋，勤奋但不聪明，既不聪明又不勤奋。我和哪种人有缘？我反复地问自己，也试图寻找答案。王教授告诉我们每一种人都有他存在的意义，但是做事情以前一定要思考清楚。王教授用一个一个鲜活的事例，让我遇见了不同的老师，遇见了不同的教学方法，遇见了不同的“参与性”整体评价方法、评价表等。我思考我正在通过这些努力寻找与怎样的老师、怎样的课堂结缘。

遇见你——工资性价比较高的老师是一种缘份。作为老师，我们都知道工资不高，怎样才能投入低产出高呢？那就是必须提高学生的参与度，改变教学方式。我深知“满堂灌、满堂问”的教学方式需要改变，也在做改变，但对照王教授的课堂指标，我发现自己的改变是“伪改变”，并未正真摆脱传统教学方式的束缚。想要改掉这一切，我应该将教师讲授式、师生问答式、学生发现式的教学方式有机结合，全体学生集体学习时间不超过60%，学生自主学习，主动学习为主的时间不低于40%，王教授的课堂观察表，可以用来可以很好地监督自己。王教授告诉我们：“没有个人思想直接进入合作学习称为‘伪合作’，学习这件事永远只发生在自己的头脑里。”王教授一语惊醒梦中人，改变合作学习是必然，让合作学习从个人学习开始，再进入合作学习，最后回到个人学习，真正实现老师少讲，学生主动学习，将课堂还给学生。

遇见你——时而聪明，时而“糊涂”，时而勤奋，时而“懒惰”的老师是一种缘份。精简教师教导事项，是教育的趋势，教师的教导事项应该要服务于学生学习，王教授的“参与性”整体评价方法一和方法二便很能反映这一切。评价方法也告诉我，有时需要聪明勤奋，在课前明白学生在这节课要学会什么，为了让学生会这些，我打算让学生做些什么，用细化的标准准确判断学生是否达标；有时需要我“糊涂懒惰”，放手把课堂还跟学生，让他们自主探究、自主学习、合作学习，生生互动。

遇见你——职业幸福感比较高的老师是一种缘份。提高工资性价比，不需要时时聪明，时时勤奋，可以糊涂，可以懒惰，课堂教学质量还能得到保障，职业幸福感油然而生。

遇见，终有一种缘，缘起而聚，与你相遇，与你相识，与你握手，与你相伴……

泸州市梓橦路学校　周敏

培训团队学员十分珍惜这次来之不易的培训、进修机会，既把培训作为提升丰富自身专业素养、提高自身培训能力的机遇，又把培训作为广交朋友、展示自身能力和风采的平台。在认真听讲、积极互动、深度反思、认真完成作业的基础上，学员紧紧把握住影子跟岗、交流互动、成果展示等机会，积极汇报展示学习成果。

【学员影子跟岗教学设计】

四年级口语交际：

《推荐家乡的美食》

教学目标：

1. 练习向客人推荐家乡的特色美食，做到态度热情大方，根据实际情况因人而异，介绍清楚明白。

2. 进一步了解家乡的美食，增强对家乡的热爱之情。

教学重难点：

清楚明白地向客人推荐家乡的美食。

教学准备：

1. PPT。

2. 学生问卷调查：你最想向客人推荐的美食。

3. 学生收集整理泸州美食资料。

一、巧置情境，导入“推荐”（2分钟）

1. 同学们喜欢聊微信吗？（喜欢）我也喜欢！这不，昨天晚上我和北京的好朋友木子聊微信聊天，竟把你们都聊进去了。想听听吗？（想）赶快坐直！（播放录音）

2. 同学们，你们都知道我接到的“光荣使命”了吧（知道），谁来说说？（向朋友一家推荐泸州的美食）。知我者，你们也！我的好朋友叫木子，35岁，女，长得很漂亮，你们可以叫她木子阿姨。你们愿意和老师一起向木子阿姨一家推荐泸州的美食吗？（板书课题：推荐家乡的美食）

二、模拟情境，探究“推荐”

（一）情境模拟一——引导“清楚明白”

1. 趣味谈话

在众多的美食中，我首先选择了古蔺麻辣鸡。这是为什么呢？请看图片，你发现了什么？（出示图片）：据百度搜索——“泸州最有名的美食”，有15 359人推荐了“古蔺麻辣鸡”。（这古蔺麻辣

鸡呀，就好比泸州的一张名片，当然向好朋友推荐了）

2. 播放视频

那我们该怎样推荐这道美食呢？不着急，我们先来看一段视频（播放舌尖上的中国——古蔺麻辣鸡），注意：边看边了解视频是怎样介绍麻辣鸡的。

3. 教师示范

现在我们对麻辣鸡有了更充分的了解，可以进行推荐了。是不是就把视频上介绍的背下来就行了呢？请看表演，掌声欢迎简丽老师。欢迎你，简老师！你演我的好朋友木子，好吗？（那我们开始吧）

燕子：木子，终于把你给盼来了！

徐瑜：是呀，燕子，见到你我真是太高兴了。

燕子：你上次不是叫我给你们推荐泸州的美食吗？我给你推荐的这道美食呀，可是上了中央电视台非常火爆的一档节目。

徐：哎，别卖关子了，什么节目？

燕子：《舌尖上的中国》。

徐瑜：哇，还真挺高大上呀！快说说是什么美食。

燕子：古蔺麻辣鸡！

徐瑜：真不愧是我的闺蜜，记得我喜欢吃肉！快说说看，这麻辣鸡到底有什么诱人的地方？

燕子：光是颜色就保管你食欲大增，这个鸡呀，是先整只放到锅里用卤水卤过的，火候刚刚好，看上去黄酥酥的，油而不腻！

徐瑜：哎哟，听得我口水都流要出来了。

燕子：卤水里面放入了 30 多种香料，又经过反复使用，那个香味儿呀，简直不摆了！

徐瑜：（流口水状）什么叫不摆了？

燕子：哎呀，这是我们泸州的方言，就是说味道好得无法形容。尤其是它的红油辣椒蘸料，又香、又麻、又辣！简直……

合：不摆了！

徐瑜：可是当下的市场大多都是饲料鸡，我有点担心。

燕子：这你不用担心，古蔺比较偏远，当地的人们几乎都是自己种自己养自己吃。这麻辣鸡呀，都是养了三年以上的公鸡。你尽管放心！

徐瑜：哇！这样看来泸州麻辣鸡还是原生态的，我一定要买来尝尝！谢谢你，木子。

燕子：不用谢，你吃的放心、吃得开心，我也就开心了。

4. 讨论发现

(1) 同学们，刚才老师向木子阿姨推荐的时候和视频上介绍的有什么不同呢？(徐：视频上介绍的比较书面化，老师推荐的时候语言口语化)

(2) 老师在推荐的时候还有其他的优点吗？谁能能用一个词或一句话夸夸老师？

预设一：穆——大方自然（自信，不扭扭捏捏的)。

预设二：帅——表情丰富（研究显示，身体语言在日常交流中发挥了55%的作用，和别人说话的时候如果加上适当的表情、动作，可以使我们的表达更生动、有趣)。

预设三：艳——清楚明白（板书：清楚明白)。

(3) 重点引导怎样介绍得清楚明白。

①老师是怎样介绍清楚明白的呢？看看大屏幕，老师先介绍了——荣誉称号，接着介绍了——名称，然后介绍了——样子，还介绍了——口感，最后——原料（屏幕依次显示：荣誉称号、名称、样子、口感、原料)。指板书：从美食的……等方面有条理地进行介绍就是——清楚清楚明白。

②那是不是介绍每种美食这几个方面都要介绍呢？是不是除了这几个方面就不能介绍其他的呢？还可以介绍美食的故事、传说、寓意等（根据美食的特点)。

③木子阿姨表现得好不好？也请你夸一夸她吧。

预设一：木子阿姨一直看着你的眼睛，很认真地听你说话。

预设二：木子阿姨不懂的地方就问你。

预设三：木子阿姨想知道的也问你。

谢谢你们的夸奖。

以上向大家模拟的是课堂的情境导入和情境示范导引两个环节。

三、情境交际1

再次阅读课前收集的资料，准备用自己的话来介绍。

左边的的同学扮演泸州人民，右边的同学选择木子阿姨家人中的一个角色（孩子、丈夫、爸爸等），合作演一演。

比比谁介绍得更清楚明白，表演完坐直示意老师。

四、情境交际2

1. 交换角色，右边的同学扮演泸州人，左边的同学选择木子阿姨家人中的一个角色（孩子、丈夫、爸爸等），合作演一演。

2. 比比谁三个法宝都运用得好。

3. 表演的时候请起立，表演完坐直示意老师。

五、现场交际

向后面听课的老师推荐（在孩子们热情高涨、意犹未尽中结束）。

后面三个环节是本堂课学生的主体活动部分，也是本堂课最精彩的地方。由于今天是模拟课堂，因此实在不好呈现，就让精彩在大家的想象中生成吧！

（泸州市梓橦路小学校　杨春燕）

2. 领航教师培训，强化引领

国培培训团队实施培训，为区域教师队伍培训培养了一支培训队伍和一批种子教师，他们参与国培培训项目的培训、管理，在培训乡村教师的同时，实现了自身由优秀教师向合格培训者的转变。结合国培项目的实施，为确保国培结束后，能继续拥有一支区域本土教师培训团队，江阳区从2018年开始，在“院地合作项目——泸州市江阳区星级校园长暨名优教师培养工程”中增加“领航教师”“领航班主任”培训项目（领航教师培训的课程表见表2-2），着力打造一支有生命力的、可持续发展的学科骨干教师和本土教师培训团队。

领航教师培养对象的遴选，向基层学校倾斜，向一线教师倾斜，国培培训团队成员优先入选，教研培训中心学科教研员作为指导教师，纳入培训。其课程设计和专家聘请及评价考核由四川省教育科学研究院负责，培训过程管理由省教科院和江阳区双重管理。

【第一次集中培训课程表】

表2-2 课程安排二（领航教师）

时间		地点	课程内容	授课目的	培训专家
7月2日	8：30—12：00	江阳西路学校二楼会议室	专题讲座与交流互动：学科核心素养导向的深度学习	了解当前课程改革深度推进的方向，做学生深度学习的导引者、帮助者	李松林（四川师范大学教育科学学院副院长、教授）
	14：30–17：30		专题讲座与交流互动：做一名有着职业情怀的幸福的“领航教师”	以教育叙事的方式，用讲述者自己的成长经历，让参培者领悟“领航教师”的内涵与责任	刘勇（成都棠湖外国语学校校长助理、省特级教师、成都市未来教育家培养对象）
7月3日	8：30—12：00		专题讲座与交流互动：课程理解力和执行力	理解国家课程的性质、功用，领会创造性实施国家课程的要旨，做清醒的课程执行者	何立新（四川省教育科学研究院义教所所长、省特级教师）
	14：30–17：30		专题讲座与交流互动：国家课程校本化、校本课程的开发	了解国家三级课程管理的要旨，做科学的课程的创生者	刘勇（同上）

【第二次集中培训学员心得体会】

只问学习，无问西东

——泸州市江阳区领航教师省外培训学习侧记

12 月，正值大雪之际，我有幸来到重庆参加泸州市江阳区领航教师省外培训，让我对名师成长和教师课程开发与实施有了更加深刻的认识和理解。

第一天的培训就让我收获颇丰。

我感触最深刻的是：重庆市江津区教科所所长、正高级教师刘小红的讲座——《名师成长案例及启示》。因为“名师”这个词在我头脑中一直是一个看不到、摸不着的理念，这次能够近距离地“触摸”和倾听，让我很是兴奋。通过这次学习，我还有幸系统接触到教师课程开发与实施的理论。西南大学教育学部课程与教学系副主任、教授、博士生导师罗生全在讲座中把高深的课程理论与生活中喜闻乐见的常识相结合，让我们更容易理解和认识课程理论知识。开班仪式上，四川省教科院义务教育及学前教育特殊教育研究所所长何立新的一席话让在场的所有老师充满期待，我们要心中有梦想，脚下有方向。听了刘小红所长的讲座后，我不禁感叹：我们不仅要仰望星空，更要脚踏实地。第一次看到刘小红所长，我整个人都惊呆了：她笑容可掬、温文尔雅、落落大方。刘所长一直强调自己是农民的女儿，那种一步一个脚印走出来的干劲让我感动，几度眼眶湿润。她讲座的每一个画面我都记录下来，生怕错过任何一帧。在这里，我们只问初心、热爱、学习、收获，心无旁骛。

两位教育大咖的讲座都引发了我们的思考。江津区教科所刘小红所长告诉我们：孜孜不倦的学习，追求卓越的实践，形成常态的思考，提升魅力的修炼让她成为一名自律、自愈、自燃的人。她更让我意识到在教师的成长中“经验+反思”的重要性。刘老师是可爱的，因为讲到自己 32 岁评上特级教师时，在客厅里高兴得又唱又跳；刘老师也是感性的，每每写总结的时候，回想起每个阶段的努力、付出，她都会流出欣慰的泪水。

作为一位普通教师，通过本次培训，我深深地体会到，我们要以持之以恒、高标准的勤奋不断努力，智商管效率，情商管发展，要心中有大爱、大智、大气，宽容、包容和兼容。潜下心来认真学习、思考，在学科领航教师培训对象学习的路上，我们一直在学习。

（江阳区高新区中学　杨青霞）

3. 本土集中培训，重在落地

培训团队主要的目标是，通过培训项目的实施，培养一支能胜任国培项目县培训项目培训任务的培训者队伍，更希望在此基础上，借助我区《星级校园长暨名优教师培养工程》的实施，为我区教师队伍建设留下一支留得住、高水平的本土学科教师培训团队，能够承担区级教师培训任务，指导引领学校校本研修工作，整体提高区域教师培训的水平和质量。

本土培训的重点在于围绕培训内容（教师开展课堂教学的四大技能）和培训方法、技巧对培训者施培。高参与、实战式培训，使培训者由优秀教师向优秀培训者的转变。

（1）培训任务实施前，对培训者进行培训。

我区针对不同的培训项目，为进一步帮助培训者理解和把握培训项目的目标任务、方法及培训过程中的技巧，明确自己在培训项目中的环节、所处的地位，在培训前通过集体备课会或者专题培训等方式，让培训者明确各自的目标任务、培训内容、培训整体要求及培训成果的呈现形式等，使得培训内容互为补充、相得益彰，培训方式丰富多样。

泸州市江阳区教研培训中心关于组织2019年春期“国培计划”送教下乡项目培训者、管理者及部分骨干教师培训的通知

各中小学：

根据“国培”工作相关要求，经研究，决定组织2019年春期“国培计划”培训者及部分骨干教师培训，现将相关事项通知如下：

一、时间

2019年2月26日（星期二）下午（2：00开始报到，2：20正式开始培训。）

二、地点

江阳区教研培训中心四楼学术厅。

三、内容

1. 应用思维导图解读课标、教材，进行课堂、单元小结的策略。

2. 教学改革的实施与教学资源库建设策略。

3. 2019年春期“国培计划”送教下乡项目实施要求与建议。

四、参加人员

1.“国培计划（2017）”送教下乡项目培训者。（详细名单见附件）

2. 参加“国培计划（2017）”项目的乡镇学校业务副校长、教科室主任各1人，教研组长代表3人。

请各位参会者提前作好工作安排，按时参加培训。

2019年2月20日

（2）在培训方案拟定过程中对培训者实施培训。

为突出培训的针对性，确保培训目标的达成，在明确整体培训要求的前提下，同一培训项目下不同培训学科间、同一学科不

同班级间各自拟定学科（班级）培训方案，并安排培训时间；培训者之间相互交流、相互探讨、相互学习、取长补短，修改完善各自的方案，并形成定稿，帮助学员进一步熟悉培训项目的目的要求和培训方法，了解培训方案制定的程序、环节和注意事项。

【送教下乡学科方案（节选）】

六、培训措施

1. 诊断示范

（1）诊断

整合资源，充分应用现代信息技术平台，通过多种方式，对乡村学校的教育、教学、教师存在的问题进行全面深入地调研诊断，就重点培训的“四项技能”与师德建设、校本研修的开展等，梳理、提炼出急需解决且能够解决的主要问题，形成诊断报告。针对发现的问题，送教团队与乡村学校领导、教师共同研究，确定各阶段培训主题。送教教师针对培训主题，采取示范教学（说课、微格课）、专题讲座、专项指导（评课）等多种形式，分点分步地组织培训。

单项诊断，即针对每次送教主题，在观察乡村教师与送教教师的课堂教学，聆听专家专题讲座和送教教师说课，问卷调查、访谈师生、查阅资料等活动的基础上，参培教师与送教专家、教师一起，互动交流收获、困惑与感悟，对乡村教师的教学基本功、准备、行为与效果，以及表象后面的教学技能进行诊断，找准乡村教师在该项技能中存在的问题、分析成因，形成针对性的培训措施。

在诊断的基础上，进行讨论研究，就如何提升教师的专项技能、改进教学观念与行为的行动策略达成共识，形成诊断报告。

（2）示范

针对乡村教师技能培训的需要，采取同课异构、微格课、说课、点评、专题讲座、互动研讨、等多种方式，进行示范教学与针对性培训。

2. 研课磨课

围绕主题，针对存在的问题，对照送教教师的示范与培训，参培教师与送教团队一起研修，研课磨课。

参培教师结合所观所议的感悟修订甚至重新完成教学设计，分组讨论的基础上全班交流，送教教师指导点拨，按需施培，帮助、促进参培教师由感性的“术”的操作，升级为理性的“略”的感悟，并向更高的“道”的层面延伸。

3. 成果展示

(1) 单项展示

参培教师通过修订教学设计稿、说课、微格课、课堂教学，以及撰写、交流心得体会、论文、课例等形式，内化学习收获，并将修订的教学设计外显为行为，展示学习后得到的提升。

送教团队与学校、教师一起，对送教效果进行检测、评价，指导学校和教师提炼、修订、呈现相关成果并整理上报。

(2) 综合展示

根据阶段目标达成与任务完成、成果整理提炼情况，送教团队横向联系学科或学校，组织同科异校、同校异科教师，通过说课、上课、评课、课例与案例分享、故事交流、专题交流等形式，进行阶段性成果展示，促进相互激励与提升。

4. 总结提升

(1) 单次总结

每次活动结束后，对本次活动的组织开展情况、取得的效果、存在的问题进行总结，整理送教资源包，提炼形成学术、技术成果。

(2) 阶段总结

各学科组在送教活动第一年（四次）结束时，结合对教师四项基本教学技能培训效果的落实，提炼形成学科的总体教学模式和课型变式，并在第二年的送教活动中，通过实践研究进行优化、升级。

各乡村学校、送教学科组、项目组，以年度为单位，对送教工作进行总结，梳理经验、查找问题、确定工作改进措施，提炼成果并推广应用。

两年送教活动结束时，对整个送教工作的开展情况进行回顾，对取得的效果进行检测，对成果进行全面的提炼整理，对存在的问题进行反思和梳理，形成全面的工作总结报告。

七、活动安排与资料要求

具体时间与主题、内容与流程见表2-3和表2-4，各学科组在遵守教育部送教活动要求和江阳区具体要求的前提下，可根据根据实际情况对活动流程与内容进行调整与创新。

（一）送教活动时间与主题

表2-3　国培计划2017江阳区送教下乡项目物理学科送教活动安排

时间		活动主题
第一次	2018年4月	“教学诊断入门”“解读与建构教学内容”技能培训
第二次	2018年5月	“教学设计技能”培训
第三次	2018年9月下旬—10月上旬	“教学实施”技能培训
第四次	2018年11月下旬-12月上旬	“教学评价”技能培训
第五次	2019年3月中下旬	以合格技能构建合格课堂培训
第六次	2019年4月下旬—5月上旬	提升技能构建优秀课堂、打造特色课堂培训
第七次	2019年9月下旬—10月上旬	总结工作，提炼成果
第八次	2019年12月	成果展示与推广应用

（二）单次送教活动的内容与流程

表 2-4　国培计划 2017 江阳区送教下乡项目物理学科单次送教活动安排

次数	主题	时间	节次	流程环节	活动内容	形成资料
第一次	教学内容建构技能培训	3天		学习	提供教学诊断的学习材料	1 000 字关于教学诊断之“教学内容建构”的学习笔记
		2天		准备	发布课题，全体参培教师同题备课	教学设计初稿（纸质单面打印）
		一上	1	课堂观察	乡村学校教师（多人并列）课堂展示，全体人员通过课堂观察、访谈等手段，收集诊断“教学内容建构”技能的原始证据	课堂观察记录材料：现象——问题归类——初步归因分析。
			2	示范	送教教师示范课	教学设计稿、课件
			3	培训	送教教师说课 教研员专题讲座《教学内容的建构技能》，结合课例点评、指导。 参培教师结合课堂观摩与听讲，修订教学设计稿。 参培教师根据课堂观察记录，在“现象—问题归类—归因分析”的基础上，找出教师的技能缺陷点，提出问题解决对策与技能提升的学习建议	送教教师说课稿，教研员培训讲稿与课件，讨论记录；参培教师学习记录（检查但不收交）；参培教师教学设计修订一稿；学科组形成《乡村物理教师教学内容建构技能诊断报告》
			4			
		一下	1	研课	分小组议课，参培教师围绕“教学内容建构”修订教学设计，就教师“教学内容建构技能”的提升进行讨论	议课发言稿，小组讨论记录
			2	磨课	参培教师个人二次备课 参培教师再次研讨，更新教学设计并交流评估 初步评估效果	参培教师教学设计修订二稿
			3			

表2-4(续)

次数	主题	时间	节次	流程环节	活动内容	形成资料
		二上	1	展示	参培教师课堂展评（多人同步）	教学设计稿、课件
			2			
			3	研课	说课、评课	议课稿
			4	磨课	参培教师修订、形成第三次教学设计修订稿	教学设计修订三稿
		二下		总结提升	全班交流，专家点评，个人再次加工梳理，形成“教学内容解读与建构”的成果（论文、案例、认识、反思）	讨论记录，记录个人交流要点
					参培教师针对“教学内容解读与建构”写出个人认识	个人交流材料（心得体会、经验材料、论文）
					小组内专题讨论	讨论记录、专题论文
					检测、评估送教效果 学科组形成活动小结，提炼成果	效果检测报告（融于总结中） 各教师及学科组成果

另外7次送教活动，流程与第一次相同，按“送教活动时间与主题”安排表，更换相应的活动主题、内容与资料要求。

摘自《江阳区初中物理学科送教下乡方案》

（3）在培训实施中对培训者实施培训。

培训的实施是培训工作的重点环节，决定着培训质量的高低，也是锻炼、培养培训者的主战场。培训实施要注重充分发挥团队的力量。培训团队一般由班级学科负责人和学术助理、学科骨干教师组成，负责本学科班的培训工作。具体的工作由学科负责人具体负责，如安排培训工作，分配培训任务，组织实施培训。培训团队内成员扮演着不同的角色：专题讲座主讲、培训工作主持、学员课堂点评、上示范课等。在培训过程中，培训团队成员相互提醒、相互配合，各司其职，互为补充，形成一个团结、战斗的集体。做到角色互换，一个循环结束，每位学员都经历了全部角色，熟悉了培训的各个环节，明确了培训的基本形式，每位学员都能够独立承担培训的组织和实施工作。

（4）提高培训团队成员总结提炼培训成果的能力

培训成果是全体培训者和参培学员在项目培训过程中共同形成的劳动成果，是项目培训实施过程的经验总结，凝聚了培训团队和全体学员的心血和汗水，对培训成果进行高质量提炼，有利于提炼项目培训的成功经验，总结培训的失败之处和教训，以及对成功经验、好的方法进行推广应用，从而提高区域教师培训的水平。因此培训项目成果提炼能力是培训团队成员的基本能力，需要有计划地组织培训。

在对培训者实施培训的同时，结合国培项目的实施，组织学员对参与的培训项目的培训成果进行梳理和提炼，并按类别进行收集、归类，形成项目成果集，并加以推广应用，对出成果的单位和个人给予表彰奖励，激发培训者的积极性和荣誉感。

（三）严格管理，动态调整

在有计划、有步骤地对教师培训团队成员组织实施培训，帮助其提高自身专业素养、理论水平和培训理念组织实施技能的同时，逐步强化组织管理和考核，健全学员培训管理制度，建立相对规范的培训团队成员信息档案，定期补充调整，真实全面反映培训团队成员参加各级培训情况及表现情况。对国培项目县培训项目中的参与情况，区域教师培训中承担任务完成情况，以及承担培训任务后受训学员的评价情况等进行系统、规范和真实的记录，提供完善的第一手资料，为后续培训及对团队成员的使用提供依据。

表 2-5 为江阳区领航教师 20××年培训登记情况。

表 2-5　江阳区领航教师 20××年培训登记情况

<table>
<tr><td>姓名</td><td></td><td>性别</td><td></td><td rowspan="3">相片</td></tr>
<tr><td>第一学历</td><td></td><td>学位</td><td></td></tr>
<tr><td>出生年月</td><td></td><td>专业</td><td></td></tr>
<tr><td colspan="2">参加工作时间</td><td></td><td>毕业院校</td><td></td></tr>
<tr><td colspan="2">工作单位</td><td colspan="3"></td></tr>
<tr><td colspan="2">参加培训情况</td><td colspan="3"></td></tr>
<tr><td colspan="2">承担培训任务及完成情况</td><td colspan="3"></td></tr>
<tr><td colspan="2">承担课题研究情况</td><td colspan="3"></td></tr>
<tr><td colspan="2">赛课或技能竞赛获奖情况</td><td colspan="3"></td></tr>
<tr><td colspan="2">所获荣誉</td><td colspan="3"></td></tr>
<tr><td colspan="2">单位审核</td><td colspan="3"></td></tr>
<tr><td colspan="2">区教研培训中心审核</td><td colspan="3"></td></tr>
</table>

在培训团队成员的管理中，在严格考核、真实反映学员学习、培训及承担培训任务的基础上，保持培训总量不变，根据学员实际，及时进行动态调整。一是学员的补充，凡有调出教育系统或调离本区的、退休的，每年度进行登记清理，在全区范围内遴选人员进行补充；二是对学习积极性不高或在培训期间表现不佳，对安排其承担的培训任务不能认真待，任务完成不好，基层教师反映培训效果不好的成员，及时进行更换，保持团队整体的高水平。

三、精心规范集体备课

“国培”项目的集体备课有别于学校教研组的集体备课，其要求更高，难度更大。对此，我们统筹城乡以打破地域限制，聚合教师以打通校际联系，合作研讨以打造共研平台。培训通过规定人选、明确要求、统一程序与整合学科来精心规范集体备课。

（一）规定人选

集体备课要实现务实有效，关键是选好人员，明确分工。为此，我们精心遴选师德优秀、业务过硬的人员来参与“国培”项目集体备课，包括三类人员：①学术顾问——引领。其主要是聘请高校专家担任学术顾问，负责集体备课的理论支持和疑难解答。②送培团队——主备。参与“国培”送教的骨干教师作为集体备课的主备人，负责培训主题的解读与课案的设计。③参培代表——参谋。选择参培教师代表参与集体备课，负责为集体备课的针对性和实效性提出培训需求、学习问题等方面的参考性意见和建议。

（二）明确要求

为了确保集体备课质量，所有“国培”项目的学科组对集体备课都要求做到“三性”：①主题性。根据区域“国培”工作明确集体备课的主题，“国培”项目分学科组依据同一阶段同一主题开展集体备课，明确核心要义及实施措施。②实用性。根据学科课堂教学和教师专业成长的实际需要务实而高效地集体备课，特别是针对区域内课改推进与品质发展的突出问题来开展集体备课。③特色性。根据学科培训需要开展具有学科特色的集体备课，发挥学科组的创造性作用。

（三）统一程序

集体备课在“国培”项目实施流程基础上进一步统一程序，要求做到“三备”：①自备，即在集体备课前，所有集体备课人员紧扣同一主题和课题自主研究性备课，解读要义、储备资料、发现问题等。②共备，即在集体备课时所有同一学科组集体备课人员依据同一主题集中研讨，集思广益，再由学科负责人指导主备人根据集体备课的意见和建议修改自备的课案。③验备，即依据修改后的课案试讲或试上，验证集体备课成果，并进一步修改完善。

（四）整合学科

在“国培”项目工作组的协调下，学科组集体备课还要做到“三互”：①资料互享，即将集体备课中搜集和整理的资料在各学科组间相互分享。②成果互鉴，即将集体备课中提炼出的成果在各学科组间互相借鉴。③经验互通，即将集体备课中总结出的经验在各学科组间相互通告。

［案例一］

“国培计划（2017）”江阳区小学语文科集体备课

根据“送教下乡”实施方案，小学语文科送教团队进行集体备课，包括送教专题与送教示范课集体备课。

一、送教专题集体备课

在进行送教专题集体备课时，我们分为以下几步：

（一）“四大技能”小学学科教学的理解

整个小学段的教研员集中研讨涵盖小学学科教学的四大技能包括的要点，教材解读的要点是依据课标；设计要点是备“教”的设计，学生“学”的设计，“教学”与“学”系统设计的技能；教学实施的要点包括组织、启动、展开、反馈调控、总结拓展等技能，即教学评价的要点要从“教”和“学”两个方面进行评价，“教”的评价包括自我评价、评价他人，“学”的评价包括态度、内容、方式、主体等。

（二）对小学语文教学中“四大技能”每个技能的理解

在理解小学学科教学“四大技能”的基础上，对小学语文教学的“四大技能”又具有其个性化的理解。

1. 解读与建构技能的要点有小学语文课程标准、语文要素、及语文教学能力标准的体系。

2. 教学设计技能的要点有在语文课堂中设计读、说、写、听等活动。

3. 教学实施技能的要点有班级组织建构、导入新课、课堂活动的展开、练习、总结拓展等。

4. 教学评价技能的要点有评价的方式、语言、评价的内容等。

（三）“四大技能”送教的具体教学领域的个性化

小学语文包括识字教学、阅读教学、口语交际教学、习作教学及综合实践教学五大领域，根据领域的关键要素，对每个版块主要的关键点进行思考。例如，习作教学实施技能的三大关键点——想写、写什么、怎么写。

（四）每一个送教和专题讲座备课程序

1. 研讨。四个教研员研讨，每个领域对应的“四大技能”，针对其关键要义研讨出复课模板与方向，包括模板、框架和八个课件资源包。

2. 分工。各人承担一个领域一个版块的主设计（初设计），按照前面的研讨，进一步地阐述和案例的选择，实际做出课件，如图 2-3 所示。

小学语文送教下乡“四大技能”之三四之阅读教学
小学语文送教下乡“四大技能”之三四之作文教学
小学语文送教下乡“四大技能”之一二之口语交际教学
小学语文送教下乡“四大技能”之一二之识字教学
小学语文送教下乡“四大技能”之一二之习作教学
小学语文送教下乡“四大技能”之一二之阅读教学
小学语文送教下乡“四大能力”之三四之识字教学
小学语文送教下乡四大技能之三、四之口语交际教学

图 2-3　小学语文送教下乡“四大技能”的版块设计

3. 再研。由学科总负责人指导主备人进行修改。

4. 验证。第一次试讲或其他小规模教研之后，发现问题再进行修改，最后完成讲课专题课件。

二、送教示范课集体备课

送教过程中，对送教的示范课也进行集体备课，其流程如下：

1. 上课老师独立自主备课，形成初设计，并进行初次试讲（不硬性要求）发现教学中存在的问题，对教学设计进行初次修改。

2. 高端引领，再讲，听讲座，听取专家对上课的指导意见，通过指导思想与标准进行引导，让他们感觉到落差，并在此过程进行反思。

3. 再设计，颠覆性的设计，经历阵痛的设计，可再试讲（不硬性要求），正式送教上课时，每个送教老师在第一个班送教后，通过教研员的讲座，以及研修学员们的研课磨课后，进行修改再备课，再二次上课。

三、集体备课讲座稿

以下是小学语文送教下乡“四大技能”之“阅读教学的教学内容解读与建构的技能和教学设计的技能”的讲座提纲：

1. 课程标准的学习，从前言、基本理念、总目标、具体目标、实施建议、教学评价等方面学习阅读教学的教学内容解读。

2. 依据语文教学能力标准的体系中对阅读教学的能力要求，从课文的教学解读、教学目标确定与教学内容选择两个大的方面进行学习。

（1）课文的教学解读的培训目标与能力诊断。

例如，王荣生：定篇、例文、样本、用件、引子。

①小学教师及小学生必须把握的几种文本的关键点：记事、写人、状物、写景。举例：精准抓住文章主要内容的方法。

②阅读教学中的课文主要用于阅读能力的培养。课文有综合功能——用课文练说、练写，积累。举例：练能式语文对课文的教学“4+N”。

（2）教学目标确定与教学内容选择的培训目标与能力诊断。

确定阅读教学目标。传统教学目标的确定：理解、感受……着力语用（练能式）教学目标的确定：读，说，写，积累。举例：教懂与练能不同的目标设定思路。

（3）教学活动、教学资源与教学点的一致性的培训目标与能力诊断。

①合理安排教学环节和流程。

②围绕课文教学点设计教学活动。例如，选点练能的教学活动设计：读，说，写……怎么设计练读、练说、练写活动。

（陈艳）

[案例二]

“国培计划（2017）”江阳区音乐学科集体备课

一、集体备课主题与课题

1. 主题：教学设计技能

2. 课题：《动物说话》

二、集体备课目的

为了使全体音乐教师能够组织学生有效学习，让学生与音乐作品对话，与教师对话，与同伴对话，使学生融入音乐之中，让每一节音乐课都能有一定的新意，使学生感到新鲜、产生兴趣，激发进一步学习音乐的欲望，我们特开展本次集体备课。

三、集体备课时间

2018 年 5 月 16 日

四、集体备课地点

石岭学校音乐办公室

五、集体备课人员

1. 主持：杜明雨

2. 主讲：李培培

3. 记录：刘怡池

六、集体备课程序

（一）备课准备：每位组员提前阅读教材，查阅相关资料。

（二）主讲人李培培老师根据音乐课程标准对《动物说话》这一课进行教学目标、教学重难点分析。

教材分析如下：

《动物说话》是人民音乐出版社义务教育课程标准音乐实验教材第一册第四单元"可爱的动物"中的一个内容。该深通过聆听大量描写动物的音乐、模仿动物的动作和叫声，演唱描写动物的歌曲、将自己喜爱的动物编入歌曲演唱，让学生充分认识动物、感受音乐中的动物，了解动物的生存环境，知道动物是人类的朋友。教学中与自然科学常识整合，注重培养学生听辨能力和观察能力，鼓励学生创造性地参与，发挥学生的想象力，激发学生的创造力和表现力，并在活动中培养学生良好的合作能力和在群体中的协调能力。

教学目标如下：

知识与技能目标：能准确地朗读歌谣，读出二拍子的强弱。认识木鱼、碰钟，并能用其为歌曲伴奏。

情感态度与价值观目标：对描写小动物的歌曲或乐曲感到有趣，知道动物是人类的朋友，人与动物应和睦相处。

过程与方法：在浓郁的音乐情境中，聆听和演唱《动物说话》，表达对动物的爱护之情。探索并运用不同的乐器创编简单的节奏，表现生动活泼、神态各异的小动物形象。学生通过小组合作，给歌曲创编歌词，培养其合作习惯和创造力。

教学重难点如下：

重点：聆听音乐，感受音乐，表现音乐中的艺术形象。

难点：富有表现力的演唱歌曲《动物说话》与创编歌词。

教学方法：谈话法、创设情境法。

（三）备课组成员对课堂环节进行讨论，并提出质疑，然后修改。

（四）主讲人李培培老师分析教学过程的编写及课堂环节的确定。

教学过程如下：

1. 创设情境

首先让学生通过聆听三段不同节拍、不同情绪音乐的重复与变化，感受音乐。并根据音乐的转换，变换队形动作。用电子琴播放2/4拍的进行曲式音乐，引导学生围成圆圈齐步走，然后再播放3/4拍、4/4拍的音乐，学生自由结合，根据音乐不同情绪创编动作表现音乐。最后把学生分成若干组，表演《拉勾勾》游戏。

2. 导入新课

（1）通过和学生的对话从大自然万物会发出声响而导入课题，引起学生的学习兴趣。

师：小朋友，你们好！当我们用自己的语言相互问候的时候，你们可曾想到大自然中的万物也有着自己的语言？比如，风是怎样说话的呀？（学生模仿风发出的声音。）

师：谁能告诉我，雨是怎样说话的？（学生模仿大雨或小雨的声音：哗啦啦，沙沙沙）

师：大海会说话吗？（学生模仿海浪拍打礁石的声音）

（2）创设情景，播放多媒体课件，学动物说话。

师：在一条美丽的小河边，住着两个好朋友：小鸡、小鸭。瞧！它们正亲热地说话呢！

（在这里，采用全面提问和个别提问相结合的方法，引导学生学小鸡说话，学习歌曲的基本节奏。学生在教师的引导启发下，分组讨论，学习并模仿小鸡说话的声音。）

师：小鸡说话叽叽叽。看！这只可爱的小鸡正在向我们打招呼呢！（教师边说边做叽叽叽动作，提示小鸡说话的节奏。学生进行模仿，边说边做小鸡的动作叽叽叽。)

师：小鸡说话叽叽叽。(学生和教师一起做小鸡叽叽叽的动作，再指名做小鸡叫的动作)

(3) 创编声势，模仿小鸡说话，巩固动物说话的基本节奏。

师：我们还可以用什么样的动作表示小鸡说话？譬如，拍肩、拍腿、捻指、跺脚都可以。请小朋友分组讨论。(然后教师学小鸡说话，小朋友用与教师不同的动作与声势表现歌曲的基本节奏)

(4) 师生互动，采用一问一答，一问齐答等方式学其他动物说话，掌握歌曲的基本节奏。

师：小鸭说话嘎嘎嘎（学生和教师一起边说边做小鸭嘎嘎嘎的动作)

师：请小朋友用不同动作表示小鸭说话，小鸭说话嘎嘎嘎。(学生做不同形式嘎嘎嘎的动作)

3. 学习歌曲《动物说话》

(1) 师：今天我们要进行一场特别的动物音乐会，请你听听会有哪几位演员呢？它们是叽叽｜叽叽叽｜（听小朋友说说是谁)，嘎嘎嘎｜嘎嘎嘎｜（说说)，呱呱呱呱｜呱呱｜（说说)。

(2) 对啦，今天是小鸡、小鸭和青蛙为大家表演。我们用××｜××｜击掌声来欢迎它们。

(3) 小朋友这么热情，小鸡、小鸭和青蛙可真高兴！听，它们唱起来了。(聆听范唱)

(4) 小朋友在歌曲中听到了小鸡、小鸭和青蛙的歌声，还听到什么声音？(拍手）是怎样拍的？（拍一拍）这是观众的掌声。请小朋友再听一遍，有掌声的地方一起拍。

(5) 我们也跟着小鸡、小鸭和青蛙唱一唱、拍一拍。(集体)

(6) 分角色唱唱、拍拍。

4. 用打击乐器模拟动物说话

(1) 乐器伴奏：认识木鱼。

选择乐器：小鸡——碰铃，小鸭、青蛙——木鱼

分组伴奏：每组1~2人木鱼，3~4人碰铃

(2) 两人小组自编动作表演唱。(按小组依次排列)

(3) 找好朋友自由合作表演唱。

5. 编创歌词

(1) 谈话引入：“小朋友喜爱的小动物还不止这些！你们还能给其他动物编上歌词并唱出来吗?”

(2) 鼓励学生进行编创。

(3) 从中选择两段，跟着音乐一起唱。

培养学生的音乐创造能力，同时引导学生要善于观察、善于模仿，通过模仿，由易到难、循序渐进地进行创造。

6. 总结

师：听着小朋友们美妙的歌声，看着大家亲密无间的合作，老师的心里无比快活。动物是人类的朋友，我们要保护动物，爱护动物。我想，小朋友的心情和老师心情是一样的，都很开心是吗？那么，为了表示大家高兴的心情，庆祝我们合作愉快，我要邀请你们永远做我的朋友！（音乐起，师生一起跳舞《我们都是好朋友》）我邀请到谁，谁就可以再邀请与你合作愉快的小朋友（音乐反复到全体起立）。让我们去操场邀请别的小朋友，告诉他们保护动物，爱护动物，走啦！

(五) 备课组成员对教材分析进行点评。

(六) 集体备课活动总结。

四、精心开展校本研修

校本研修是“基于学校，为了学校，发展学校”的研修，这与“国培”项目的目标一致。虽然如此，然而在以往的培训

中时常有“扯皮”的现象。为此，我们把“国培”项目与校本研修进行“融通”。“国培”项目与校本研修的关系见图 2-4。

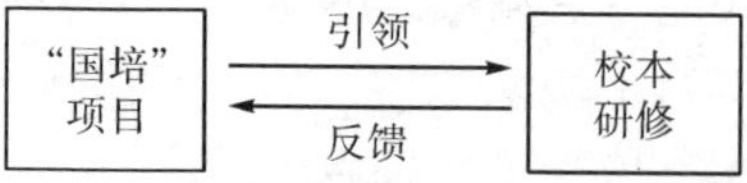

图 2-4　“国培”项目与校本研修的关系

将“国培”的理念、内容和方式运用到校本研修中，指导校本研修进行升级优化，实现“国培”项目落地生根；又将校本研修的经验与成果，以及存在的问题反馈给“国培”项目，促进“国培”项目的优化实施。对此，我们从定向、对标和规程三个方面来指导“国培”项目学校精心开展校本研修，引导参培教师以“国培”的理念、内容和方式领航校本研修，真正发挥“国培”作用。

（一）定向

按照“国培”要求，改变校本研修“零散”的情况，将校本研修聚焦到“国培”上来，既让“国培”项目与校本研修同向前行，又让“国培”项目引领下的校本研修有效促进教师专业成长。

（二）对标

将“国培”项目的目标与内容同校本研修的目标与内容进行统合，教师结合专业成长与学校课改的实际需要，在校本研修中对“国培”的目标与内容以自主、合作的方式“再学”“再研”，实现融会贯通并自觉运用。

（三）规程

根据“国培”工作的“明确目标—学习研讨—实践提升—提炼成果”这四步流程来开展校本研修，从程序上保障“国培”学习在校本研修中“落地生根”，并推广应用。

【案例一】

让“国培”之花在校本研修中结出硕果

——江阳区分水岭中学数学教研组活动

依托“国培计划”乡村教师培训研修，整合我校教师资源，利用校内优秀教师资源，采取任务驱动方式，积极参加送教下乡活动，有组织有计划地推动教研组团队深入课堂和现场培训，利用送教下乡培训来带动我校校本研修，创新我校教师上课模式，不断提升教师课堂教学能力。

我校为配合此次“国培”积极开展现场诊断、议课评课等参与式活动，找准教师课堂教学存在的突出问题，增强教师对教学实践的行动观察、自我反思、感悟体验、行动设计等能力。针对教师课堂教学存在的突出问题，选择典型的课例，通过示范课、评课等多种方式提供了教学示范，使我校教师进一步理解课堂和教学，激发其主动规划自我专业发展的有效路径，明确自主研修任务。结合问题研讨、案例分析、课例展示、专题讲座等培训方式，提升教师驾驭课堂的教学实施能力，提高课堂教学技能，促进教学改进，提高教学实效。同时聚焦教材重点和难点内容，突出课堂教学问题解决，围绕教学目标、教学内容、教学方法与手段等进行研课磨课，不断改进教学设计。活动通过示范课、同课异构、专题研讨等方式进行现场指导，激发我校教师主动进行对照反思，突出经验学习，促进行为跟进，进而形成合格课、优质课、精品课。

根据本学期“国培计划（2017）”江阳区初中数学二班送教下乡工作的安排，我校陶雨老师将于2019年4月12日在泸州十中学校上《19.3课题学习选择方案》的诊断课。

为了这次国培活动，陶雨老师虚心向组内经验丰富的教师请教，认真思考，反复斟酌，认真设计了教学设计，并精心制作了课件。

2019 年 4 月 9 日（星期二）中午，我校组内教师在办公室利用午休时间，第一次为陶雨老师的这堂课进行了磨课。陶雨老师以说课的形式，谈了自己对于教材的理解、教学过程及每个环节的设计意图。教师们围绕着陶雨老师的说课展开了热烈的讨论。陶雨老师认真倾听老师们的意见和建议，详细做好记录，并结合自身的实际情况，对教学设计进行认真的修改。

2019 年 4 月 10 日（星期三）下午第一节课，陶雨老师在八年级二班进行了第一次试讲。由于本校教学进度在本课之后，他便联系在高新区中学上课。陶老师教态自然大方，对学生进行积极引导，学生以饱满的精神状态投入老师的课堂教学中。课后，全体听课老师在在高新区数学组办公室结合陶老师的上课情形展开了积极的讨论。大家理性的分析、深入的反思、务实的探讨是这节课的亮点，对陶老师提出了宝贵的建议。陶老师认真倾听参会教师的建议，详细记录，以求精益求精。

2019 年 4 月 12 日（星期五）上午第二节课，陶老师成功完成了本次的诊断课。通过这次磨课活动，教师们在观课、讨论中不断改进教学理念和教学方法，无论是陶老师还是其他参与了活动的老师，都颇有收获。

这次送教下乡培训，有效提高了我校教师的专业理念、专业知识和专业能力等，增强教师的责任感和使命感，切实提高教书育人的理论水平和实践能力，更新我校教师的课程理念与教学观念，提升教师对教材的理解和把握能力。

（彭继昭）

【案例二】

牵手"国培"，"三研两上"

为期两年的"江阳区'国培计划（2018）'送教下乡"活动已圆满结束。我校 61 人，包括 8 个学科，分在 20 个送教培小班参加了本次活动。

“送教下乡”活动采取“送教团队同课异构、片段示范、专题指导、交流研讨等方式，帮助参培教师解决问题，提升技能”。我校也遵循“送教下乡”的培训原则，以学生会学、学好为终极目标，以教师会教、教好为抓手，结合“送教下乡”活动，开展“三研两上”特色校本教研活动。

什么是“三研两上”?“三研两上”即年级组针对一种类型的课，认真开展集体备课，形成初次学案，由一位教师先在甲班执教，年级组成员参加听课后，针对教学中的信息反馈，进一步修改完善学案，然后由同一位教师或者其他教师再在乙班进行教学活动，课后学科教研组通过集体研讨教学策略，发现教学中的困惑、目标的价值取向，提升教师的教学理念，再一次修整、提炼，形成比较完善的学案，在教师中予以推广。

对照“送教下乡”活动模式，思考我校的“三研两上”，注重发挥教师的集体智慧，在研课磨课中修改完善、提炼推广。但这种方式忽视了专家引领和骨干指导，针对以上分析，2018—2019 学年度，我校的“人人一节公开课”活动，增设了学校“本土专家”专题讲座和骨干教师课堂示范引领活动。例如，针对数学教研组在教学“解决问题”时重方法、轻三个基本步骤的教学问题，学校组织数学教研组开展了系列校本研修活动，首先由学校资深教师陈永刚副校长做主题为“小学数学教材‘解决问题’教学的思考”的讲座；然后由德育处熊状主任示范教学四年级教材《解决相遇问题》，接着按照学校“三研两上”的流程，由四年级数学组教师开展同课异构“解决相遇问题”的研修活动。通过这次活动，数学教研组教师对“解决问题”教学有了实质性的认识，立足三个基本步骤，重“通法”教学，帮助学生实现从“形模”到“意模”的进步。有时，针对某个棘手教学问题，我们一时找不到有效解决办法，就从网络中寻找成功案例，一起研究学习，然后再“三研两上”。

“送教下乡”活动采取诊断示范、研课磨课等形式，重点对参培教师的“教学内容的解读与构建、教学设计、教学实施、教学评价与诊断”技能提升进行培训。学校校本研修过程中容易犯重设计，轻解读；重实施，轻诊断的问题，或者一节公开课，生硬照搬别人的设计，根本没有真正理解环节设计意图，所以再好的设计上出来就感觉是小孩穿了大人衣服那样空洞；或者学校安排上公开课，上了就上了，上得好与不好就不用管了。针对教师群体问题，学校的“三研两上”研培模式既重“上”，也重“研”，让教师能从感性的教学技术的提升，升级到理性的教学思想的感悟。

在两年的“送教下乡”活动中，学校十余位教师主动在培训小班内申请执教诊断课。按照学校要求，凡是在送教活动中要上诊断课的教师，得到通知后，都会及时到教科处登记。学校教研年级组组长会组织全年级学科教师开展“三研两上”研讨、磨课活动，然后才可以到送教培训班承担诊断课任务。

2019 年春，学校谢小洪老师和赵渊泉老师执教诊断课《分数加减法》，本节内容是西师版教材五年级下册的内容。接到“送教下乡”专家袁小平老师的通知后，学校五年级数学组组长李勇老师就组织“三人行”磨课组（并不是指的是三个教师参加，而是根据《论语·述而》中“三人行，必有我师焉”和《三国演义》“三个臭皮匠赛过诸葛亮”而命名的）开展“一研”活动。活动中，大家观摩了优秀案例，细致研磨了教学目标和教学重难点，制定了详实的教学案，然后通过“二上”，甚至“三上”，“宝剑锋出磨砺出，梅花香自苦寒来”，几经打磨，终于有了满意的设计。赵渊泉老师的诊断课也得到专家和同行们的认可。

牵手送教，三研两上；互动研讨，共同成长；同享智慧，均衡发展——我们在行动。

（陈长惠）

第三节 四大“技能”，在实战中提升

反思以往的培训，我们发现：教师主要不是通过“培训”成长的，而是在平凡的、每日的现实生活中无声地成长着，就像花儿静静开放，春雨润物细无声。无论是理念认识，还是技术掌握，都需亲自经历、参与体验，在一个个实际的情境中习得。我们“实战式”自主参与的培训模式，正是给教师们提供了一个个具体的、真实的教学情境，让他们通过一次次的操练、研磨、锤炼而成长起来。

构建教师学习共同体，探索出“自主建构—专家引领—同伴互助—重新建构”的“实战”途径，让教师们在“实战”中提升四大技能，学会如何进行自主研修。乡村教师通过国培实现“不燃—助燃—自燃”的进步，最终实现自主成长。

一、自主建构

这里的自主建构，指受培教师主动根据先前认知结构对当前事物进行建构。当然，既然是“建构”，那么被利用的先前认知，就不是从记忆中原封不动地提取出来的，而是要根据具体实例来建立的。

【案例】

作文课“雕塑造型”自主建构（节选）

根据国培安排，我将执教三年级的作文教学。作文教学说难其实并不难，但要上得精彩，着实不容易。我这期正好教三年级，发现喜欢写作的同学比较多，但不喜欢写作的同学也不少，归纳起来有以下原因：

（1）对作文没有兴趣，提到写作文就有抵触情绪。

（2）受字数的限制，孩子不喜欢作文。

（3）不知道写什么，缺少素材。

（4）不知道怎么写，没有方法的引导。

也就是说，兴趣、字数、素材、方法等成了学生写作的拦路虎。这段时间我一直在学习和思考作文教学方面的资料，特别是前不久参加了教师远程培训，聆听了北京密云县教研中心特级教师杨德伦的讲座“儿童写作心理与小学作文教学”，受益良多，所以，我想上一节三年级的作文课。

关于“写什么”，我想做“我塑我型”的主题，因为上个星期天，我和妻子一块儿带着女儿到滨江路去散步，走到“单碗儿”广场那里，女儿突然发现有几个人在喝酒的雕塑。于是她情不自禁地跑过去，这里摸摸，那里弄弄，开始比划着模仿这些人物造型，还让我们给她拍照。我相机问她：“这些人物是怎样做的动作呢？”她观察后说这些人左手怎样，右手怎样，脚又怎样的说了一大通。我继续追问为什么喜欢做这些造型，她随口就说：“好玩！”这句话对我触动很大，我们为什么不让孩子们写他们觉得好玩儿的、感兴趣的东西呢？所以我就想让学生观察这些城市雕塑，写雕塑，能自己模仿这些雕塑，做出创意的动作，再把自己的创意雕塑写下来。我想设计一节游戏活动课，让学生在“玩中学，学中玩，玩中训练习作能力”。我的初步构想是通过“说雕塑—做雕塑—写雕塑”几个活动环节，充分调动学生多种感官，把自己看到的、听到的、感受到的如实写下来。

确定内容后，我一直在学习和思考作文教学方面的资料，受益良多。近日，特别是参加了网络学习，聆听了北京密云县教研中心特级教师杨德伦的讲座“儿童写作心理与小学作文教学”后，明白了小学生作文心理障碍的主要表现和成因，我以激发学生作文兴趣为前提设计了本课的作文教学——《雕塑造型》。

《雕塑造型》教学简案

教学目标：

1. 在游戏中进行习作，激发学生对作文的兴趣。

2. 用积累的语言记录下游戏活动中的所见、所闻、所感等，把自己感觉最有趣的内容写清楚。

3. 在交流中试着修改自己的习作。

教学重点：真实地记录游戏活动中的所见、所闻、所感等。

教学难点：把自己觉得最有趣的内容写清楚。

教学准备：学习提单，红笔。

教学过程：

版块一：谈谈“雕塑”

师：同学们，第一次来给大家上课，我很高兴！首先，请大家欣赏一组图片，你看到了什么？

1. 播放图片，欣赏“雕塑”。

（学生一张一张说，教师适当引导，并从学生回答中提炼出词语，让学生板书在黑板上。）

2. 读一读词语，选择自己最喜欢的两个词语抄写在作业单上。

小结：同学们，“雕塑”特有意思，对吧？它在我们的生活中随处可见，静静的装点着我们的生活！大家请看一段视频，关注视频中的雕塑。

版块二：模仿“雕塑”

1. 播放视频：你的“味道”影响了我的沉思。（法国，艺术大师罗丹的作品）

师：这么有趣的雕塑，大家想来做做雕塑吗？我们来进行“雕塑造型”比赛吧！

2. 宣布“雕塑造型”的游戏规则。

时间：三分钟。

地点：教室里任何地方。

内容：用自己喜欢的方式，做一尊雕塑。谁在规定的时间内雕塑造型做的最有趣，谁就获胜。

注意：在“做雕塑”的过程中，请你留心观察，看到了什么，听到了什么，想到了什么……

3. 游戏步骤。

第一步：想一想，你打算做一个什么造型的雕塑？想好的同学坐端正告诉我。（老师说开始才开始。）

第二步：学生开始表演。在表演的过程中，教师相机拍下图片，播放于大屏幕上，共同欣赏。

版块三：写写“雕塑”

1. 欣赏学生游戏相片，激发写的欲望。

师：你看到了什么，听到了什么，想到了什么？谁的表演最有趣？哪里有趣？（谁想说？努力激发学生想说的“欲望”。）

2. 请把你想说的内容用笔记录下来，时间 10 分钟。写好后按表 2-6 进行自我评价。

表 2-6　自我评价

评价内容	获得星数（优秀五颗星，良好四颗星，合格三颗星）	合计
坐姿端正		
书写工整		
卷面整洁		
内容丰富		

版块四：修改“雕塑”

1. 学生展示自己的作文片段，师生点评。点评时，重点梳理学生是从哪些方面来写的。

①先从同学们的整体表现来写，再写最有趣的表演。（板

书：点面结合）

②引导学生发现，让同学们抓住动作、表情、神态、声音等方面来描写。（板书：看到的、听到的、想到的——用简笔画表示）

2. 鼓励学生修改自己的作文。

3. 相互修改，找出同学写得好的地方夸夸他（她）。（善于发现别人的优点也是一种能力）

版块五：感悟“雕塑”

1. 同学们，这次表演你成功了吗？为什么？（学生交流）

2. 写话，补充句子：

我们的游戏结束啦，同学们无论是成功还是失败都很高兴！怎样才能在这次游戏中获得成功呢？那就是________________。

（同学们，你们太可爱啦！不仅作文写的漂亮，而且雕塑造型独特。下面收拾好学习用具，让我们继续做着“雕塑的造型”走出教室，看谁能坚持到最后！）

实践才是检验真理的标准，再完美的设计如果没有结合实践进行，也只是纸上谈兵。经过初次试讲，我找到了预设与实际之间的差距，并提出了整改意见。

1. 优点

（1）整节作文课，着眼于整体，涉及当前评价改革的各个领域。

（2）注重语文基础知识的强化训练，关注语文的本体性教学，特别是语言的积累和运用方面。

（3）内容选择有趣，尊重学生内心的感受。

（4）把课堂还给了学生，把学生的自主学习和教师的引导结合起来了。

2. 不足与改进

（1）作文题目《雕塑造型》显得成人化，没有趣味。读后会给人产生歧义。因此，我们可以设计贴近儿童语言的题目，如我型我塑，我的造型我做主等。

（2）第一版块让学生看图片，说说自己看到了什么。这个版块设计没有梯度，教师一共展示了18张图片，学生每张图片都要说，而且都说自己看到了什么。没有变化就显得呆板，这样会让听众很容易“疲劳”，更不用说是学生了。所以，可以做这样的改进：第一，播放几组图片，引出“雕塑”主题，板书雕塑。第二，重点出示几张有代表性的雕塑相片，让学生说说看到了什么。第三，在学生说的时候设计不一样的问题，一组让学生用一个词或者短语概括自己看到的画面，另一组让学生用一句完整的话概括画面内容。最后一组让学生用几句话来说清楚自己看到的画面内容。这样，既能节省时间、避免枯燥，又使整个欣赏画面的过程是一个循序渐进的过程。

（3）整节课注意时间的把握。设计时，我预设欣赏画面5分钟，做游戏8分钟，习作10分钟，评价10分钟，修改5分钟，总结2分钟。结果，在试讲的过程中共用了60分钟，这大大超出了一节课的时间。时间主要浪费在第一版块和修改两个方面，而且整个一节课都感觉前松后紧。因此，我接下来要做调整，尽量不浪费一分钟。

（4）语言不够精炼。说话老是喜欢重复，总是担心学生听不清楚。在教学中，老师要尽可能采用手势引导大家做好相关事情。

……

教学永远是一门遗憾的艺术，在接下来的教学中，我将继续改进，争取做得更好！

（泸州市实验小学校　刘列平）

二、专家引领

教师的成长，离不开专家的引领。在我们“实战式”的专家引领中，专家不再高高在上，而是参与其中，发现真实问题，通过关注受培教师的“最近发展区”设置学习任务，并提供恰当的“支架”（步骤、方法），给予真切的导引与帮助。有时，专家们为解决当前问题可及时地现身说法。

【案例】

专家实干引领，教学明晰方向

“忽如一夜春风来，千树万树梨花开”，一次国培“送教下乡”，一次专家亲自实战，就如同一缕明丽的清风，为我们吹开了教学的迷雾，拨云见月，找到了教学正确的方向！

两年的“国培”，两年的扎实学习，究竟给我们带来了什么？作为一线教师的我，太明白，那不仅仅只是每学期四次的“送教下乡”，不仅仅只是每学期一次的线上线下研修，更是一次技能的学习，理念的更新！更为幸运的是，在这条学习之路上，不仅有同行的陪伴与互助，更有专家的理论与实干引领，这让我们更为直观地体验到课堂教学的魅力！

这学期的一次“送教下乡”活动教学研讨主题为部编版二年级下册的《语文园地四看图写话》。为我们带来诊断课的老师，以较好的语文素质，流畅而自然地上完了这一堂作文课。然而，在专家讲座这一环节中，江阳区教培中心的熊生贵专家却指出，这一堂课教师串讲串问、碎问碎答，全场只有几个学生发了言。一节课结束时，还没有来得及写，教师只有要求学生在课后完成习作。因此，熊老师问在坐的老师们：“不问，可以上课不?”

此话一出，大家一时陷入了沉思之中，场面尤为安静。仔细想来，串讲串问的确有许多的弊端，也不利于教师对学生的培养，更不利于学生思维的发展，但是，教师发问，学生回答，已经成了我们日常教学的常态，我们也没有想过在课堂教学中不采用串讲串问的形式来进行。因此，大家都不发一言，静静地埋头思索着。见此，熊老师说："大家别不信，我们比一比另一种上法的效果，下次同样的一节课，请大家看一看熊老师我是怎么不串讲串问就上完一堂课的！"此言一出，立即引来大家的一致哗然：下一次，专家竟然要亲自上场了！不再是只有理论，而是亲身实战！专家上课会不会更不一样？专家上课真的能达到他自己的预期？专家上课真的不串讲串问就上得更好……无数的疑问在我们心里萦绕，无数的期待在我们心里迸发！带着疑问，带着期待，在第二天的"送教下乡"学习中，我们揭开了它的面纱。

第二天的"送教下乡"，熊老师果然亲自"操刀"了。课堂的一开始，熊老师在课件上呈现出了本次看图写话的题目，并让学生读题目，再抽学生讲述题目要求大家做什么。接下来，熊老师出示了第一幅画，并出示练说框架，让大家观察图画，发挥想象，用以下句式进行练说：

(什么时候，什么天气)，(谁)________(用蛋壳怎么做)________，(怎么玩儿)________。

熊老师简洁明了地布置好练说任务之后，孩子们便按照要求七嘴八舌地说了起来。孩子们自己练习着说完以后，熊老师再让大家看着第一幅画，抽学生起来说，并点评。在孩子说得不够理想时，熊老师还示范说，引导着孩子们越说越多、越说越好。

紧接着，熊老师立即让孩子按照第一幅画的说话方式，再自由选择后面三幅画之一，观察图画，发挥想象，按照句式进行练说：

(什么时候，什么天气)，(谁)________(用蛋壳怎么做)________，(怎么玩儿)________。

学生说完以后，熊老师再次抽学生起来说，并点评。此时的学习氛围浓烈极了，只见孩子们你说我说大家说，说得又多又好，精彩极了！最后，熊老师让孩子们将自己练习说的四幅画内容，连贯地写下来，并抽学生到台上当场展示写成的作品，完成了这堂习作课。

整节课上完，熊老师没有提出过一个问题，而学生却是真真实实地说着、写着，以说话促习作，扎扎实实地完成了一堂课的学习。观摩完熊老师的课，大家似乎都懂了些什么，若有所思。而我更是明白了，原来一堂课老师真的是要少问少讲，应该多给学生一些时间去实实在在地说、实实在在地读、实实在在地写！在之后自己的课堂上，我的脑海里反复地浮现出当时熊老师没有问一个问题就上好课的画面，反复思考专家是如何操作才能让课堂在实在的教学中推进的。渐渐地，我也开始有意识地让孩子在课堂上多说多读多写，明显地，我自己讲得少了、问得少了，孩子们在课堂上的活动多了，学得比以前更认真、更专注了！

为此，我感到自己幸运极了：能够见识到专家的实战，就如同被专家“手把手”地教一样，被直观地引领着走，教学的方向更加明确，学习的收获更加实在！在这个过程中，我明显觉得自己的理念在更新，技能在提升，学习在进步，各个方面都获得了成长！

（泸州市江阳区白马学校　黄茜）

三、同伴互助

同伴互助是教师学习的灵魂，拥有“同伴互助者”的教师比那些独自工作的教师更容易运用新的教学策略和方法，来自同伴的评价更有助于教师改善自我的教学行为。

国培的每个班级都组建了研修小组，遴选了专家助教。研修小组的组建，采用自愿加指定的原则，打破学校界限。专家助教则采取自愿申报+推荐的形式，遴选出优秀的学员，协助每次的培训学习活动，为学员释疑解惑；还创建班级 QQ 群、微信群，为同伴互助搭建起沟通交流的平台。这样一来，同伴间互相信任和依赖，他们共同完成学习任务、一起进行实践研讨，互相提供反馈意见和分享经验，弥补了个人学习的局限，实现了资源共享、互相帮助、彼此支持和共同成长。

【案例】

同伴助我成长

2018年4月13日，教研员对我说：“诗晗，你下次上一节关于《二次函数与几何图形的综合运用》的诊断课吧。”当时我的第一反应是很高兴，因为一直以来就希望能够有机会能上一堂区级的数学课；但随之而来的是心生怯意，主要是觉得自己经验不足，尤其对这一类型的课题非常不熟悉，内心有一个声音在说：“要在陌生的班级、陌生的教师，还有众多优秀同仁的面前，你能行吗?”“不对，自己的课能让专业的同行帮忙一起研究和探讨是多么难得的一次机会，你不是一直希望有这样的机会吗?”在一番纠结后我下定了决心：不管课上得如何，重要是自己要通过这一次上诊断课的机会提升自己的教学水平。

一、同伴互助：在研讨中确定题目

我好不容易克服了内心的胆怯，又一个困难随之而来——选题。我特别疑惑：“这一个课题如此广泛，我该选哪一个内容呢?”听到我这个问题，国培小组的成员马上就围坐过来，特别热热地开始讨论。

林组长问到：“二次函数与特殊三角形、二次函数与平行四边形、二次函数面积问题……这么多个专题选哪一个合适?”

刘老师建议到：“要不就二次函数与特殊三角形的问题吧。”

我感到疑惑：“就是二次函数与等腰三角形、直角三角形相结合?”

高老师解释到：“是的。就是等腰三角形、直角三角形存在性问题。”

何老师说：“一方面涉及确定点的个数，另一方面涉及求点的坐标，课堂容量比较大哦，一节课不容易完成。”

听到这儿，我又纠结了：“确实，在我自己班上一堂课都不能讲完，借班上课就更不容易了。那我能不能只讲等腰三角形，剩下的交给其他老师。”

尹老师否定了我的想法：“那这样教学目标该怎么定呢？教学内容都不完整了。”

章老师总结到：“考虑到学生学情，借班上课，而且这又是中考压轴题的内容等多方面的因素，选题还是要偏向简单一些，这样学生才会有兴趣。我个人认为选择《二次函数与几何图形综合之线段之和最小》这一课题比较适合。”

“对，这个课题很适合。”组员们一致认同。

二、同伴互助：在交流中建构内容

确定课题后最重要的就是设计教学内容了。

初三教学经验不丰富的我再一次问到：“本课的教学目标是什么，是‘会求线段之和最小’吗?”

尹老师回答到：“这是中考压轴类专题复习，首要目的是让学生找到解决此类问题的方法，增强学生解决压轴题的信心，提高得分率。”

陈老师继续耐心的解释到：“‘线段之和最小’其实就是‘将军饮马’问题，所以重要的是要让学生在题目中学会抽象出‘将军饮马’模型，并会将此模型综合运用到二次函数中解决问题……”

“哦，我的想法太片面了。”还好组员们一个接一个为我解答疑惑，帮助我完善教学目标。

接下来就是确定教学思路了。我先思考了一下，大致确定了教学思路：“首先是分析中考考情分析，然后是典型中考题讲解，但又是这一内容是中考压轴题目，难度特别大，而我所面临的学生又是乡镇中学孩子，我要如何降低难度呢?”

尹老师提醒我道：“你可以模仿张建军老师给我们上的示范课呀，把这一综合题中需要用的知识点通过几个基础题进行复习，再进行中考题的讲解。”

何老师立即提出一个别出心裁的想法：“本节课重点是将‘将军饮马’模型应用到二次函数中，那你在课前可以通过微课视频快速回顾‘将军饮马问题’，让学生们有一个知识基础，同时微课视频不比我们讲的更让学生感兴趣吗?”

“是的，这个想法可以有！我可以在《洋葱数学》《乐乐课堂》里面找寻适合的微课，也可以自己尝试做一下。”

陈老师补充到：“不过，我认为典型例题选取我们的泸州市中考题可以，但是我们可以稍加改编，将数据改得简单一些，因为重要的是解题方法，如果花在计算上时间太多本节课可能完成不了……”

就这样，在讨论中组员们帮助下我搭好本课的框架。有了框架，内容就要靠自己认真琢磨了。

三、同伴互助：在备课中提升技能

为了备好此课，我先查阅了近几年的泸州市中考题，又在网上查阅并下载了一些教案和课件资料。基础资料有了，接下来就是教案、课件、学案的设计和制作了。在制作的过程中，有微课剪辑不会的，就在群里学习其他老师做的录屏软件教程，一边百度一边尝试；几何画板遗忘的，就照着赵老师的微课视频学习；希沃白板不熟悉的地方，就在希沃学院里找教程。就这样熬了几个晚上，终于设计出了初稿；同时自己的现代教育技术也得到了提高。

四、同伴互助：在磨课中不断成长

第一次试讲是在9年级2班，我自认为准备得比较充分，可是居然超出几分钟，而且很多地方都讲得不好，我自己都失望了，就这课怎么行呢？还好课后王校长和教研组的成员都坐下来，特别积极主动地给我进行了详细指导。

首先，经验丰富的尹老师特别恳切地跟我说：“本课作为中考复习课，又是压轴题的内容，对于学生来说以这类的题目难度较大，所以本课最重要的目的是培养学生对本类问题的处理能力，树立解决此类问题的信心。综合例题可逐一呈现各个小问，我们要首先鼓励学生解决第一小问求解析式问题，再呈现第二小问线段之和最小，再增加难度呈现三角形周长最小问题，这样小步走，学生学起来更有信心。”

我提出：“上课时我发现有的学生第一个问求函数解析式会花费很多时间，那我是不是可以把在基础训练中求解析式的题目就用综合题的第一个问的数据，这样学生就不用再算一次，这样可以节约时间呢?”

韩老师对尹老师和我的说法表示赞同：“可以，本课的重点不在求函数解析上。”同时，他补充道：“可以将‘将军饮马问题’中的涉及的数学模型带领学生分类归纳出来，以方便后面应用。”

根据韩老师的提示，我想到：“我可以带领同学们把‘将军饮马’模型分两种类型——两点在异侧和两点在同侧，同时将模型板书到黑板上。”

其他老师也依次给我提出了很多建议，比如，要注意各个小问的衔接，注意教师的板书示范作用和几何语言的准确性，PPT中的图形要规范、重要线段要用不同颜色凸显等。

最后，王校指出：“要注意了解班级学情，关注到不同层次的学生，利用优生调动学困生，提高课堂参与度，增强课堂效率；同时一定要细化细节，精炼语言，力求言简意赅。”

根据老师们意见，我对教学设计进行了进一步的修改。同时在课前我要说的每一句话都写到了PPT旁边，然后又在9年级3班进行了试讲。把课再一次试讲完后，组员们又针对我的语言及问题设计，一字一句地斟酌：怎么说，怎么问，怎么去关注学生，怎么去评价。

教研员王老师也提出：“你可以在课前加上鼓励性语言，也可以提前去学校和学生交流，这样可以拉近和学生的距离。”于是我立即在网上搜索了一部分鼓励性语言，选择了其中两句放到了课上运用。果不其然，在长江中学上课的时候，我和同学们一起喊出“只有想不到的，没有做不到的；没有比人更高的山，没有比脚更长的路”时，感觉整个课堂的氛围都变了。当然，也特别感谢长江中学的孩子们的积极配合，我才能顺利完成本次诊断课。

五、同伴互助：在评课中完善细节

课后，代霞老师也给了我鼓励和建议：“你在课堂上注意到关注每一位学生，同时及时给予了他们许多鼓励。课件要直观、生动、形象，但同时也要注意，不要过于花哨，卡通图片容易干扰学生的注意力，我个人建议可以去掉。”

同时，国培小组的成员们针对本次课再次给我提出了许多指导性意见，让我的这次课更精细化。比如，在求线段AC的长度时，还可以提醒学生灵活运用勾股定理解题，注重一题多解；在用几何画板呈现线段长度变化时，可稍放慢速度，让学生观察总结点位等。

在这样一次次的试教、一次次的学习、一次次的反思、一次次的更新中，我有彷徨，有困惑，但更多的是体会到收获和成长的快乐。

有人说：“名师指路，如沐春风。”也有人说：“一个人能走多远，看他与谁同行，一个人有多优秀，看他有什么人指点，一个人有多成功，看他与什么人相伴，有几位好同伴，将会成就你的一生。”总之，学最好的别人，做最好的自己。最后，感谢教培中心给我提供学习的平台；感谢送教团队的引领让我明确了学习的方向；感谢学习小组的指导让我明确了教学思路，感谢教研组的研磨为我指出不足，感谢大家帮助我进步！

（丹林中学　李诗晗）

四、重新建构

“实战式”的重新建构，就是受培教师们在学习中、学习后，不断地对新信息进行重新认识、理解和编码。在这一过程中，他们原有的知识经验因为新知识经验的加入而不断地调整、改变。

【案例】

关于“义和团运动特点”的史料解读技能的自主建构

八年级学生经过七年级一整年的历史学习，已经形成了一定的分析历史事件的能力及逻辑思维能力。因此，我在处理八年级上册《抗击八国联军》的第一个子目“义和团运动”时，引用了书中的“读一读”史料，运用多媒体现代化教学（让学生有直观的感受）、问题驱动教学（让学生围绕不同层次的问题对史料进行由浅入深的认识）、整合教材（通过对教材某些内容的调整，使学生对史料的理解更清晰）等方法，使学生的史料解读技能得到提高。

一、暴露的问题

（一）“全是教堂止住天”环节，学生对两个设问都能顺利、准确地回答，但是却不能得出“义和团运动带有迷信色彩”的结论。

（二）“大清一统靖江山”环节，学生对三个设问也能准确回答，但最终结论“义和团对清政府抱有幻想，对其本质认识不清”还是由老师说出来的。

二、分析原因

（一）引导方式过于单一，只有文字材料和教师的语言引导。

（二）课件中的某些内容顺序存在问题，不利于学生的理解分析。

三、修改重构

（一）原始设计

首先，我把这段文字材料全部加黑加粗展示在 PPT 上，并把其中最利于我引导的五句话的字体颜色改为红色。然后，针对这五句话我准备进行三个方面的引导。

（1）“全是教堂止住天”。设问一：结合前面的“天无雨，地焦旱”，你认为“全是教堂止住天”是什么意思？设问二：你认为这种观点对吗？为什么？待学生回答后引导其得出“义和团运动带有浓厚的迷信色彩”的结论。

（2）“拆铁道，拔线杆，毁坏火轮船”。设问一：铁道、电线杆、火轮船对我们的生活有益处吗？设问二：那义和团为什么还要毁坏它们呢？设问三：义和团的这种做法是理智、正确的吗？待学生回答后引导其得出“义和团具有盲目排外的落后性”的结论。

（二）修改重构

首先，把这段文字材料全部加黑加粗展示在 PPT 上，并把其中最利于我引导的五句话的字体颜色改为红色。然后，针对这五句话进行三个方向的引导。

（1）“全是教堂止住天”。设问一：结合前面的“天无雨，地焦旱”，你认为“全是教堂止住天”是什么意思？设问二：你认为这种观点对吗？为什么？待学生回答后，幻灯片展示 2 幅能反映义和团封建迷信的图片，再引导其得出“义和团运动带有浓厚的迷信色彩”的结论。

（2）“拆铁道，拔线杆，毁坏火轮船”。设问一：铁道、电线杆、火轮船对我们的生活有益处吗？设问二：那义和团为什么还要毁坏它们呢？设问三：义和团的这种做法是理智、正确的吗？待学生回答后引导其得出“义和团具有盲目排外的落后性”的结论。

（泸州市江阳区况场街道初级中学校　龙力）

第四节 四步"流程"，在规范的基础上发挥

有效实施"国培"项目，规范流程有着非常重要的作用。基于此，我们统一规定了"国培"工作的"四步流程"，即①明确目标——确定"国培"工作的研修主题、目标、内容和要求；②学习研讨——送培团队引导参培教师自主学习与合作探讨；③实践提升——将研修所获运用到教育教学中并使其检验、完善并升华；④提炼成果——总结并提炼出相应的研修成果。我们将本区域的"国培"工作划分为"送教下乡"项目、"网络研修"项目和"工作坊研修"项目，各项目组结合本项目实际情况对"四步流程"进行更为具体的安排。在此基础上，我们倡导各项目工作组结合品质教育发展和教师专业成长需要创新开展"国培"工作，促进参培教师更有效地学习。

一、送教下乡"四步流程"

各"送教下乡"学科组根据"送教下乡"项目组的统一部署，提前一周时间布置当次活动的主题和课题。参培教师围绕主题自主学习，依据课题设计课案，提出学科教学与专业成长问题。送培团队开展集体备课，解读出主题的要义，设计好示范课的课案。在此基础上，"送教下乡"学科组的送培团队和参培教师以班级为单位，按"诊断示范—研课磨课—成果展示—总结提升"这"四步流程"集中研修。

（一）诊断示范

"诊断示范"是"送教下乡"的第一步，主要是参培教师展示课堂教学，送培团队示范课堂教学，以此诊断出参培教师在学科教学乃至专业成长方面存在的问题和不足，通过比较、反思找到解决教学问题的办法与专业成长的方向。这一步包括定位、诊断和示范。

1. 定位

针对教师专业发展差异情况，“诊断示范”首先要做好定位。①定位上课教师为“参培代表”——肩负使命，展现参培教师的专业成长。②定位示范教师为“共同学员”——虽然承担了示范教学的任务，但更多的是共同提高，取长补短。③定位培训活动为“研修样本”——依据课例提出问题，探索方法，据此拓展延伸。

2. 诊断

参培教师代表根据送教主题和课题设计的课案上诊断课，展现参培教师对送教主题的理解情况，以及专业成长中已有的优点和尚存的不足。其他参培教师围绕主题观课，并结合自己的教学进行反思。

3. 示范

送培团队代表依据“送教下乡”学科组集体备课的课案上示范课，引领参培教师通过“同课异构”或“异课同构”或“同课同构”的观摩，在思辨中借鉴、改进。

【案例】

江阳区初中化学第四次第二天“送教下乡”之

“诊断示范”活动安排

时间：2018. 11. 07　　　　地点：高新区中学

时间		内　容	主持
上午	第二节课 8：30-9：10	诊断课《氧气的性质》 高新区中学王琦萱	朱玉莲
	第二节课 9：20-10：00	诊断课《氧气的性质》 高新区中学刘青青	
	第三节课 10：30-11：10	示范课《氧气的性质》 梓橦路学校周敏	

表(续)

时间		内　容	主持
	第四节课 11：20–12：00	1. 创新实验说课《氧气的制取与性质》 泸南中学杨俊平 2. 上课教师说课 3. 课堂点评	朱玉莲
下午	第一节课 14：20–15：00	1. 专题讲座《教学评价技能》朱玉莲 2. 送教团队代表展示跟岗研修见闻《求真务实的川师一中》 宜定学校冯光英	朱玉莲
	第二节课 15：15–15：55	微格课展示《物质组成的表示》片断展示 马健榕　彭小芳　钟忱君　柏明华 朱晓虹　邓正强　曾　杰 唐　勇　陈德昆　张凤梅	

（朱玉莲）

（二）研课磨课

“研课磨课”是“送教下乡”的第二步，是以教师群体的智慧和力量对课堂教学进行有主题的观察，并且分析教研过程，推进教师走向深度研究，提高课堂教学能力，促进专业成长。这包括自主研磨、合作研磨和引领研磨。

1. 自主研磨

参培教师针对“诊断示范”课例独立自主地研课磨课，紧扣送教主题，就课例中的某一教学问题进行反复的、深入的学习、研究与实践，初步找到比研磨之前更为有效的解决方案。

2. 合作研磨

参培教师针对“诊断示范”课例合作研课磨课，紧扣送教主题就课例中的某一教学问题进行反复地、深入地学习、研究与实践，进一步完善更为有效的解决方案。

3. 引领研磨

送培团队依据送教主题做学术报告或专题讲座，并对“诊断示范”课例进行解剖，重点在于针对诊断课中表现出的参培教师在学科教学和专业成长方面存在的问题，提出解决的办法甚至研修的方向，从而显著提高整个集体对这一问题的教学有效性，并掌握解决教学问题的方法，练就解决教学问题的能力。

【案例】

江阳区初中英语第二次第一天“送教下乡”之

“研课磨课”活动安排

时间：2018 年 4 月 19 日　　　承办：蓝田中学

上午						
		上课教师	学校	内容	年级	备注
第一节	听课	刘叙梅	蓝田中学	Writing	九年级	
第二节	听课	苏清华	泸州十中	Writing	九年级	
第三节	听课	刘刚蓉	泸州十中	Reading	九年级	
第四节	说课、评课、					
下午						
第一节	讲座	教学内容的建构（一）				李青梅
第二节	议课、2 次备课	全体国培九年级学员教师				（1）上交 3 次备课教案 （2）教师拍照留存自己作业
第三节	磨课（微格课）	刘叙梅、苏清华、刘刚蓉				
第四节	议课、3 次备课	全体国培九年级学员教师				

（李青梅）

（三）成果展示

“成果展示”是“送教下乡”的第三步，主要是送教团队引领参培教师“多钻研，多实践，勤反思”，进一步梳理“研课磨课”的思考与启迪，通过课堂教学、微课荟萃、故事分享等方式展示“送教下乡”的研训成果。

1. 课堂教学

与"送教下乡"第一步中的诊断课不同，这类课堂教学是根据研课磨课修改的教学设计来展示的，意在引领参培教师经历前两步研修的"头脑风暴"后通过"再实践"，努力地变"知道"为"做到"的内化过程。

2. 微课荟萃

参培教师根据送教主题，选取课题的某一点以说课形式呈现自己研修的所思所得，在"众说纷纭"中实现"共生共长"。

3. 故事分享

将送教活动中感人的场景、研修的心得等以故事会的方式进行展示，意在唤醒、激励参培教师，并与其共勉。

【案例】

江阳区初中语文第四次第二天"送教下乡"之"成果展示"活动安排

时间：2018. 11. 20　　　　承办：南城学校

节次	内容	主持	地点	备注
第一节	小组推选代表展示： 课题《昆明的雨》	江阳区初中语文送教团队	阶梯教室	1. 自觉遵守会场纪律，倾听并做好笔记 2. 手机调为震动或关机，不随意走动 3. 自觉爱护公共卫生
第二节 第三节	班级展示：昆明的雨 1. 况场中学王霞： 《昆明的雨》之品细节描写 2. 南城学校文小兰： 平平淡淡才是真——析《昆明的雨》语言魅力 3. 泸州十中赵怡婷： 平淡似无奇盼顾皆有情——品《昆明的雨》语言之美 4. 蓝田中学马肖肖： 此中有真意欲辨已忘言——品《昆明的雨》中的情韵美			
第四节	专家点评： 课题《昆明的雨》			

（唐丽）

（四）总结提升

"总结提升"是"送教下乡"的第四步。这一步主要内容是送培团队引领参培教师提炼教学经验、建构教学模式、开发课程资源等，并且深入学习现代教育教学理论知识，实践自己的教学理念，进一步促进专业成长。

1. 提炼教学经验

改革一般的培训作业形式，要求参培教师将研修所得提炼成可推广的成果，在此基础上撰写成相应的论文、案例、实录等。

2. 建构教学模式

为引领参培教师进行深度学习与深度研究，要求其总结自己的课堂教学，"再走一步"来建构符合课改要求、具有学科特色、张扬教学个性的教学模式。

3. 开发课程资源

根据区域内学校品质教育发展和参培教师专业成长的需要，送培团队引领参培教师根据学科内容，开发出教案、学案、课件等教学资源，并积极倡导骨干教师开发校本课程。这既丰富、优化了教学资源，又促进了参培教师专业成长。

【案例】

初中语文"送教下乡"之"总结提升"

——阳光语路1班"教学建模"

一、"'三四三'自导式"阅读教学模式

依据四川省教科院关于"自导式"教学的理论，江阳区初中语文学科切合阅读教学发展需要，以学生自主学习为出发点，建构起"'三四三'自导式"阅读教学模式。

"三"（第一个）即"三环"，指阅读教学在时间安排上的三个环节：课前、课中、课后。具体教学实践为：①课前——精准前置学习，即师生共同设置阅读任务，制定导学任务单。②课中——精准探究释疑，即教师精准指导，学生精准探究。③课后——精准拓展迁移，即精准总结阅读，精准作业布置，形成拓展学习任务单。

“四”即“四导”，指阅读教学在师生活动上的四个步骤：导入、导学、导思、导结。具体教学实践为：①导入——激趣导课。②导学——明确目标。③导思——自主学习+合作探究+交流分享+精准释疑。④导结——拓展迁移。

“三”（第二个）即“三读”，指阅读教学在思维发展上的三阶要求：读通，读懂，读活。具体教学实践为：一读“读通”，能正确朗读、积累词句、感知文意等；二读“读懂”，能理解内容、体会情感、品味语言、揣摩写法等；三读“读活”，能拓展阅读、群文阅读、读写结合等。

“‘三四三’自导式”阅读教学模式旨在突出学生自主、合作、探究性阅读，同时强化教师精准导读。本模式在阅读教学实践中遵循了阅读教学规律，简明了阅读教学程序，因而既给予了学生自主的阅读时空，又彰显了教师导读的教学个性。

（建模课例略）

二、“读写结合自导式”写作教学模式

依据四川省教科院关于“自导式”教学的理论，结合“要有单元整体教学的意识，要把阅读教学和写作教学结合起来”的要求，江阳区初中语文学科根据写作教学发展需要，以学生自主学习为出发点，建构起“读写结合自导式”写作教学模式。

本教学模式“以读促写，读写结合”，即学生以“自主”的方式，通过“自主阅读”，在初试“读写结合”中学到写作经验和方法，在此基础上“自主仿创”，在实现“读写结合”中达成仿写甚至创作，然后在“自主评改”中深化“读写结合”，进一步培养写作能力，习得写作方法，发展写作思维，提升写作素养。在这个过程中，教师则以“主导”的方式，通过“目标导学”帮助学生明确写作目标，再以“经典导写”引导学生模仿性地练写，并鼓励学生创造性地写作，进而以“点拨导改”引领学生在自改与互评中实现写作"再走一步"。

"读写结合自导式"写作教学模式将阅读与写作进行深度融合，既突出学生自主写作，又强化教师精准导写，不仅深化阅读所得所悟，而且有效地培养写作能力，实现阅读与写作"共长"。

（建模课例略）

三、"'三环五步'自导式"复习教学模式

根据四川省教科院关于"自导式"的教学理论及课改要求，江阳区初中语文学科切合复习教学需要，建构了"'三环五步'自导式"复习教学模式。

"三环"指复习教学的三个环节，即先学后教、以学定教、学以致用。具体教学实践为：①课前——先学后教，即教师设置复习内容，先学后教，变"被动"为"主动"。②课中——以学定教，即学生提出疑问，教师引领学生复习，探寻方法，变"学会"为"会学"。③课后——学以致用，即学生自主总结，学以致用，变"知识"为"素养"。

"五步"指复习教学中师生活动的五个步骤：导入激趣、明确目标、自主复习、点拨引领、巩固提升。具体教学实践为：①导入激趣——选择适合课堂教学内容的方式引入。②明确目标——展示并再次明确本堂课复习的目标。③自主复习——学生先在小组内交流归纳的复习要点，互相补充，并质疑；然后各小组派代表在班内交流。④点拨引领——在学生自主归纳和展示交流的基础上，教师根据学生需求进行精准点拨、讲解、引导、梳理等，师生共同解决复习中的疑难问题。⑤巩固提升——老师精准设置有针对性、有一定难度的练习题进行巩固提高，让学生在解决问题的实践中提升能力，提高学习质量。

"'三环五步'自导式"复习教学模式以"以生为本"的教育理念为指导，遵循"以学定教、少教多学、问题导学"的教学原则，教师引导学生自主、合作、探究式复习，培养自主复习能力，发展思维，提升素养，构建高效灵动的复习教学课堂。

（建模课例略）

（唐丽、许忠莲、朱祥群、潘云平）

二、网络研修“四步流程”

网络研修丰富了帮助教师专业成长的资源，拓展了教师自主研修的时空。正因如此，有效开展网络研修也增加了督导的难度。为此，我们根据“国培”工作的流程来设定网络研修的“网络学习—集中研修—岗位实践—形成成果”这“四步流程”。

（一）网络学习

“网络研修”第一步是网络学习。这一步要求参培教师明确网络研修的目标与任务，结合自身实际自主研修，在实践与反思中提高专业能力，锤炼专业精神，丰富专业智慧。这要求参培教师做好以下三个方面的学习。

1. 时间安排

参培教师根据网络研修任务安排网络学习时间，可细化到周甚至是天，从时间上确保网络学习的安排具体且可操作，有序且务实地推进。

2. 学习要求

参培教师根据研修任务和时间安排明确学习要求，包括课程要求和内容要求。课程要求包括网络研修规定学习的必修课程和自主选择与拓展学习的选修课程。内容包括：①师德研修；②学识素养；③专业素养。

3. 具体措施

参培教师根据学习需要采取具体的措施进行网络学习。①读书笔记，即做到认真研读，结合教育实践、生活点滴，撰写学习感悟文字。②学习研讨，即依据网络学习进行网上交流和研讨，或班内博客交流、写教学日志，集中研讨活动，积极向专家请教，解决管理中存在的问题和困惑。③课题研究，即立足学校实际，以课题研究活动为载体，将培训心得渗透进具体的教学实践，以此解决当前教学中存在的问题，提高教学实效。

（二）集中研修

“网络研修”第二步是集中研修。这一步是组织参培教师紧扣研修主题集中研修，通过研讨，努力实现以下目标。

1. 拓展视野

任何一位教师都不可能是一切优点的全面体现者，每一位教师都有自己的优点，有别人所不具备的长处。参培教师在集中研修中展示网络学习所获，以此拓展视野，丰富教育教学艺术。

2. 智慧碰撞

在集中研修中，参培教师就研修主题展开研讨，尤其是经验丰富的教师结合网络学习把自己的教学专长奉献出来。产生思想碰撞，讨论得越深入，理解就越透彻。

3. 更新观念

参培教师在研修中审视自己的教育教学，结合网络学习进行反思、升华，更新教育观念，从而使自己更好地成长。

（三）岗位实践

“网络研修”第三步是岗位实践。这一步主要是参培教师运用网络研修中所学的知识、方法等开展岗位实践，并通过这样的实践“习得”相应的能力，提升专业素养。岗位实践主要有以下三类。

1. 上展示课

参培教师运用专家报告的理念、知识、方法等，设计“同课同构”“同课异构”或者“异课同构”的课案，并据此上展示课，既是尝试，也是验证，以此练就专业能力。

2. 课堂观察

参培教师运用专家报告的理念、知识、方法等，进行教学观摩，并在比较中学习借鉴，反思自我，以此促进自我在教育教学上“扬弃”，自觉地改进教学。

3. 教学研讨

参培教师运用专家报告的理念、知识、方法等，就某一教学主题、某一课题、某一现象，在教研组或网络学习班级开展教学研讨，在智慧碰撞中成长。

（四）形成成果

“网络研修”第四步是形成成果。这一步主要是参培教师通过总结与反思，固化网络研修的“习得”，总结提炼形成成果，也促进参培教师提高科研能力。这主要有以下三类成果。

1. 撰写心得体会

引导参培教师梳理研修过程中的积累、感悟与启发，沉淀成为心得体会文章。

2. 打磨精品课例

引导参培教师打磨自己的精品课例，推动他们突破专业成长的“瓶颈”，聚焦形成具有一定个性特征与教育智慧的风格。

3. 开发课程资源

引导参培教师将网络研修与送教下乡活动联系起来，一起开发课程资源，在这个过程中提升专业素养。

【案例】

一“网”情深，研而修能

——江阳区小学数学1坊自主研修小结

江阳区“国培计划（2017）”小学数学全体坊员都来自农村学校，本坊依托新思考网中国教育资源服务平台提供的研修内容开展网络研修，主要采用学员听讲座，开展热点、难点问题研讨，独立完成作业，坊主指导、批改作业等方式进行，充分体现了学员研修的自主性和学员、坊主研讨的互动性。在线下集中研修中，我们紧扣教学改革的热点、难点问题，紧扣学员的教学实践，在研修中充分体现实践性。本工作坊以“学研行·果”为行动主轴，通过集体行动共筑小学数学拓展课程开发成果。工作坊通过培训学习、互动研讨、展示交流、总结提炼，为工作坊学员提供学研行平台，较好地促进了工作坊坊员的成长。

一、超越时空的网络研修

新思考网中国教育资源服务平台为全体坊员提供了丰富的研修资源。两年来，本坊学员在网上认真听讲座、读论文，围绕大家的疑难问题，热点、难点问题开展了热烈的讨论。我也和学员们一起互动，解答了大家提出的问题。全坊学员认真完成了所有作业，共完成作业255份。我对作业实行了全批、全改。通过网络研修，全体学员设计教学、制作课件的水平有了很大的提高。教学观念得到了较好的更新。

二、实战式、互动式集中研修

“纸上得来终觉浅，绝知此事要躬行”，理论与实践相结合是研修的有效方式。两年来，我们已经开展了两次集中研修，研修做到了主题突出，目标明确，方式得当，效果显著。

（一）第1次集中研修

研修主题：基于培养小学生数学核心素养的小学数学拓展课程开发。

1. 研修目的

（1）开发小学数学上册教材拓展课程。

（2）要为全区小学数学老师开发出一套能很好地促进学生数学核心素养发展的，理念新颖、科学、适用的小学数学拓展课程。

（3）更新坊员的课程理念，提高坊员拓展课程开发的能力。

（4）通过拓展课程在全区的使用，有效促进全区学生数学核心素养的发展。

2. 研修方式

（1）集中培训。由袁小平主任做《基于培养小学生数学核心素养的小学数学拓展课程开发》的专题讲座。从“什么是核心素养”“为什么要发展学生的核心素养”“小学数学核心素养有哪些?”“现行小学数学教材对促进学生数学核心素养的发展还不够。”“小学数学拓展课程的目标”“小学数学拓展课程的内容”“小学数学拓展课程的呈现方式”“小学数学拓展课程的实施”八个方面进行了精辟的阐释，让学员们对为什么要开发小学数学拓展课程，开发什么样的小学数学拓展课程，如何开发、实施小学数学拓展课程有了比较清醒的认识。

(2) 任务驱动。袁小平主任分配了小学数学拓展课程开发的任务，如下:

小学数学1坊负责1册1~6单元和3册1~3单元的拓展课程开发。

小学数学2坊负责3册4~6单元和5册1~8单元的拓展课程开发。

小学数学3坊负责7册1~8单元和9册1~3单元的拓展课程开发。

小学数学4坊负责9册4~6单元和11册1~8单元的拓展课程开发。

要求各坊再将任务分配到组，各组再分配到学员。每坊要成立一个拓展课程审查、修改小组，由5~7人组成。全数学科要成立小学数学拓展课程开发编委会。

(3) 小组研讨。每坊的每个小组领到任务以后，先进行集体研讨，讨论本小组领到的小学数学拓展课程的名称、目标、内容、呈现方式和实施要求。

(4) 编写课程。小组研讨后，每个学员完成小学数学拓展课程编写任务。

(5) 展示交流。每个组选1~2名学员上台展示自己开发的拓展课程，全坊学员对课程进行评价，并提出修改意见。

(6) 专家指导。坊主和教培中心的专家对学员展示交流的课程进行点评、指导。提出修改、完善课程的意见。

（7）修改完善。编写人员根据学员互动研讨和坊主及专家提出的修改意见修改完善自主编写的数学拓展课程。

（二）第2次集中研修

第2次集中研修的主题、目标、方式与第1次基本相同，只是第2次集中研修的主要内容是开发与小学数学双册匹配的拓展课程。

（三）集中研修成果丰富

（1）基本形成了与小学数学单册、双册匹配的拓展课程。

（2）更新了坊员的课程理念、提高了坊员开发小学数学拓展课程的能力。

（3）积累了工作坊开展集中研修的经验。

三、岗位实践

老师们把线上研修和线下研修的理论运用到了教学实践中，乡村教师的教学观念得到转变，教学效果也有很大提高。

小数3坊的王登霞老师，在刚接到她现在所带班级时，数学科平均分59分，61个同学只有4个优生，28个同学及格，33个不及格，其中有14个学困生。刚开始王老师真的想放弃了，怎样让他们的成绩能够在这一年多的时间里得到提升呢？先找出孩子们的试卷进行分析，看他们哪个地方失分比较严重，通过分析，王老师发现他们的基础比较差，计算失分比较严重。她就让同学们每天利用早自习前10分钟做口算，午休20分钟做简便计算和脱式计算。刚开始，她还有时间全批全改，可后来随着上课内容的增加，新课旧课一起，有时还要做其他的班主任事务，有部分同学的作业就没有批改到，随之发现有的同学没有做。人数多，有的同学又不自觉，作业批改不完，让几个"懒汉"总是"梭边边"，导致差的还是差，好的还是好，结果部分中等生有进步了，差生由于懒惰，效果不大。当时她真的很困惑，没想到"国培"这个"及时雨"来得真是时候，通过线上的学习，王老师知道了自己该怎么做：她把全班分成了十一组（后来班上66人）并选出小组长，每组成员由好、中、差组成，组长负责出题和改正，完成了的下课后就可以出去玩，不能完成的就不能出去，如果正确率高就上体育兴趣课，错了的改正并重新完成。孩子们为了能出去玩和能上体育兴趣课，都积极地去小组长那里完成练习。老师反而变成了一个旁观者，变成了一个“懒老师”，每天都不用改课堂作业了。到期末考试的时候，王老师的心一直很忐忑，怕他们考得不好，等孩子们成绩的过程比自己等高考成绩的时候还要难熬。当成绩下来的时候，她笑了，因为班上的数学平均分从59分上升都76分，优生人数从4人上升到24人，学困从14人下降到7人。

四、形成成果

（1）开发了适合江阳区小学数学教学的1~12册教材拓展课程，每册均有12~18课时。

（2）编制出《网络研修心得体会集》。

（余雪英）

三、工作坊研修四步流程

工作坊研修项目作为近年来颇受欢迎的教师培训项目，除了在目标定位、阶段规划、内容设计方面下功夫，更要在研修活动设计方面匠心独运。能否提升参培教师教育教学能力的成效成为衡量工作坊研修质量高低的标准。为此，我们根据“国培”工作流程设定了工作坊研修“项目布置—自主研修—集中研讨—形成成果”这四步流程。

（一）项目布置

“工作坊研修”第一步是项目布置。这一步主要是以项目形式布置工作坊的研修任务，引导参培教师明确研修目标与要求，如课例研修、教学设计、课堂实录、学科重难点解决策略、课题研究等。

（二）自主研修

“工作坊研修”第二步是自主研修。这一步主要是参培教师自主研修。研修活动可根据项目的目标而定，如师德故事、研修方案、研修总结等。参培教师通过自主研修，不断提高专业素养。

（三）集体研讨

“工作坊研修”第三步是集体研讨。这一步要求参培教师在自主研修基础上再集体研讨，研讨活动主要有以下几种。

1. 专题讲座

结合教育热点和教学实际，针对我区共性问题，让优秀教师做专题讲座，引导解决在教学中遇到的问题。

2. 小组研讨

以班级小组为单位，利用研讨学习体会、研讨教学体会、研讨课堂教学评价等，关注新的教育动态，注重对学科教学的“互动生成”方式的理解与尝试教学。

3. 教学观摩

利用教研课进行课堂教学研究，或观看名师课堂实录，扎实评课，并做好详实记录。

（四）形成成果

“工作坊研修”第四步是形成成果。这一步要求参培教师梳理研修的收获，在专家的指导下总结提炼，形成最终的实用成果。从这个意义上说，研修活动的设计主要为了促进参训教师参与研修过程，增加研修的获得感。

【案例一】

江阳区体育“花样跳绳”工作坊研修实施方案

一、研修主题

总主题：中小学校内普及花样跳绳实践研究。

分主题：

第一年（2017 年 12 月—2018 年 12 月）：以“花样跳绳教

学的反思、花样跳绳教学兴趣的激发和初步构建花样跳绳教学教学模式”为研修主题。

第二年（2018 年 12 月—2019 年 12 月）：以“花样跳绳教学的感悟和挖掘及形成较为完善的花样跳绳教学模式”为研修主题。

二、研修对象

人数：全体农村中小学教师。

条件：全体专职体育教师。

分组：以片区为单位，分几个小组，从中选取影响力较大的几名教师作组长；区教研室配备 1 名管理员，担任本地网络培训班班主任，负责协调管理本区域培训工作。

三、专家团队

1. 教育行政团队

教育行政团队由本区教育行政主管部门和教研部门牵头，这是推动研修顺利开展的关键。

2. 课程专家团队

课程专家团队由本区教育专家、教研员、一线骨干教师组成，负责网络培训课程的研发、研修方案的设计，提供课程配套的文本资料；共同执导工作坊研修的实施；对研修中的疑难问题进行答疑，对研修中产生的成果进行提炼、总结和升华。

3. 网络指导教师（学科版主）团队

该团队由具备中学中级以上教师职称、具有丰富的义务教育阶段教学经验的骨干教师组成。学科导师团队负责组织本坊的小组进行线上线下的研修活动，推荐并点评优秀作业和优秀课例，指导参训学员开展在岗实践研修活动，共同探讨网络研修的模式与方法。

4. 学科导师团队

该团队由本区项目办负责特聘区级学科导师团队组成，遴选对象为本区特级教师、教研员、省市区骨干教师。导师团负责对本区学科线上和线下培训进行业务规划、管理、指导与协调。

四、研修目标

总体目标：通过国培项目，推动本地建立和完善研修制度，探索网络支持下（“互联网+”）的研修模式，引导参训教师更新教学观念，改进教学行为，提升江阳区中小学体育教师解决花样跳绳教学实际问题的能力，培育开放、自主、合作、平等、创新的研修文化。

具体目标：

（1）掌握花样跳绳教学的教育教学理论、前沿信息，拓展学员教育教学视野。

（2）梳理花样跳绳教学的现状，探索激发学生花样跳绳兴趣的系列化策略，让他们由“要我学”转变为“我要学”。

（3）探索花样跳绳的感悟和挖掘系列化策略，形成有效的花样跳绳教学模式。

五、研修资源

新思考网资源、高校资源、体育名师博客、各大体育教育网站，提供有关体育教育教学策略的理论著作、教学论文、教学叙事、教学案例、教学反思、课堂实录或视频等。

六、研修内容

以提升教师花样跳绳教学实践能力为重点，以案例及主题研修活动为载体，以教师和学生发展为中心，分年级，分梯度，分主题，层层推进，聚焦“教什么”“怎么教”和“学什么”“如何学”，将新课标理念与要求落实到体育教育教学行为的改进和教学质量的提升之中。

七、研修活动

第一年（2017 年 12 月—2018 年 12 月）。

（一）第一阶段（2017 年 12 月—2018 年 8 月）

1. 线上研修活动

（1）提供相关的文章、著作，体育课堂教学视频或讲座视频，让教师先做好准备，初步具备花样跳绳教学的能力。

（2）学习新思考网相关资源。

（3）每月一次在线研讨（固定时间）：讨论话题（具体集中，循序渐进，逐步深入）——新课程背景下体育教学存在的问题？如何激发学生的花样跳绳兴趣？花样跳绳课堂教学有无模式可循？什么样的花样跳绳教学模式最有效？

（本阶段结束，每组组长经过梳理，提交一份本阶段本组的学习总结，每个人一篇学习反思、一份总结，一堂花样跳绳教学设计或教学实录。）

2. 线下研修活动

集中开展两次教研活动，坊主组织本区学员开展相关的教学沙龙、专题讲座、课例研讨、名师课堂示范等活动，初步探讨激发学生花样跳绳兴趣的系列化策略，初步构建花样跳绳教学模式。

（二）第二阶段（2018 年 8 月—12 月）

1. 线上研修活动

每月一次在线研讨（固定时间）。

讨论话题 1（具体集中，循序渐进，逐步深入）——抛出一篇花样跳绳教学案例（可以实名家的，可以是坊主的，可以是学员的）；全体成员对案例进行讨论、互评，在此基础上初步形成较为完善的花样跳绳教学模式；分享自己较为成熟的花样跳绳课堂教学模式。

（专家团队准备：花样跳绳课堂教学视频或讲座视频；几个小组分别提交一份完整的本阶段本组的学习总结。）

2. 线下研修活动

组织两次大型的教学观摩活动，全体学员参加，邀请名师做讲座、上示范课；不同小组以同一个花样跳绳教学话题展开讨论，形成一个成熟的比较完整的花样跳绳教学设计，每组推出一名教师同课异构。

（三）第三阶段（2019 年 1 月—6 月）

1. 线上研修活动

每月一次在线研讨（固定时间）

讨论话题 1——每组形成一个成熟的花样跳绳课堂教学模式，力求花样跳绳教学百花齐放。

（分组汇报研修成果：几个小组分别收集一些典型课例，提交一份有价值的，凝结了全组成员智慧结晶的成果报告；每人写出一篇与花样跳绳教学有关的教学论文，教学叙事、教学设计、教学反思、课堂实录。）

2. 线下研修活动

组织全体学员开展研修成果共享会，同课异构、经验总结、理论提炼，邀请专家点评，行政部门推进，骨干教师课堂展示，一线教师广泛参与。

评选优秀学员，颁发荣誉证书。

八、研修成果

工作坊将各种成果进行收集整理，主要包括系列花样跳绳教学课堂设计、教学实录、录像课，与花样跳绳教学有关的个人教学论文、教学叙事、教学反思、学习总结，各组阶段性总结、全坊总体报告、几种成熟的花样跳绳教学模式。

九、研修评价

（一）考核原则

考核原则体现全员、全程、全面的原则。

培训考核贯穿培训的各个方面和整个过程。

考核采用线上线下过程考核、网上研讨考核与实践考核相结合的原则。

考核总分为 100 分，考核结果为 70 分的准予结业，95 分以上的为优秀，可参加优秀学员的评比。通过考核颁发结业证书，并给予中小学教师继续教育学分认定。对不能结业的学员，将在全市、区和校发出通报，当年年度考核不合格。

（二）激励的原则

鼓励干自己的事，解决自己的事：提一个问题加2分，提一个有价值的问题加5分。

鼓励奉献自己的智慧，提出一个一般策略加2分，提出一个核心策略加5分。

鼓励帮助别人干事，帮助别人解决一个问题加2分，帮助团队解决一个关键问题加10分。

（三）考核细则（参见新思考网）

十、研修管理

在组织管理上实行行政、业务双线并行，多方联动。第一，形成省级项目领导小组—联合执行机构—市/区县项目办—工作坊四级行政组织管理网络；第二，形成课程专家团队—网络指导教师（学科版主）团队—学科导师团队—学科教研组长四级业务组织管理网络。

（车福庆）

【案例二】

初中英语“Shining & Sharing”工作坊研修流程

初中英语工作坊在上级统一领导下，采用线上网络研修和线下集中研修的方式，在细节的计划与实施中调整创新，通过为期2年的线下集中研修，在提升教师教学素养、教育教学技能及拓展课程资源等方面取得了一定的成效。工作坊研修流程如下：

一、项目布置

江阳区“国培”计划（2017）初中英语工作坊，坊名为Shining & Sharing Workshop（发光，发热，分享，共生）。

一坊坊主：李青梅（教培中心）、杨静（泸南中学）。

二坊坊主：曾雪梅（梓橦路学校）、孙艳（江北学校）。

前期进行了工作坊活动需求调研，经过调研发现坊内教师需求如下：

(1) 渴望提升教学内容建构能力，创建教学资源库。

(2) 拓展练习少，渴望进行随堂拓展课程开发。

(3) 周课时少，渴望建构课堂教学范式。

项目组根据参培者需求进行了如下内容安排：

二、自主研修

(一) 线上自主研修内容

①我的坊内研修计划；②班级学情分析；③我的教学故事；④我的教学微设计；⑤我的课堂教学评价；⑥我的微型课题；⑦观看课例讲座视频。

(二) 线下自主研修内容

①新学期教学工作计划；②拓展课程开发；③"三合一"资源。

三、集体研讨

(一) 有效制订学期教学工作计划

工作坊在集体研讨中着力提升教师教学内容建构能力，集中研讨如何制订教学计划。针对部分老师不熟悉课标，坊主结合英语学科核心素养和最新教育理念进行专题讲座，启迪老师们分阶段设立教学目标，结合学生实际情况，做如何制订教学计划的专题讲座。教师们在思想引领和案例示范下，深度解读课标，结合所教班级实际情况，有效构建教学内容，制订教学计划，层层推进学生素养提升，提升教学技能。最终实现立德树人的育人目标。

(二) 拓展课程开发

工作坊在集体研讨中帮助老师们深度解读教材，集中研讨每课时的重难点，生成不同题型的书面题目，检测学生的课堂效果。老师们分小组讨论每个单元的课时重难点，设置合适题量的书面题目，用于当堂检测学生学习效果。小组内讨论完成后，派教师代表展示设置的书面题目，讲解本课时重难点，并解释设计意图。所有参培老师认真聆听，并适时发表看法，进一步深刻解读教材，形成拓展课程资料。

（三）结合学科的特色，整合单元教材，建立新的单元课堂教学范式

工作坊在集体研讨中着力提升教师教学设计技能。坊主作专题讲座，指导老师们就英语听、说、读、写四大课型，整合教材，形成教学范式。老师们在思想引领和案例示范下，深度解读不同课型的设计模式，深度解读教材，把握教学重难点，设立教学目标，整合单元教学内容，进行教学设计。

（四）“三合一”资源库的建立

工作坊坊主从思想引领开始，结合优秀教学课例，对教材单元内容进行整合，对课堂结构模式和教材整合的教学设计进行分享交流，建立了“三合一”（教学设计+课件+学案）资源库，“三合一”资源的有效建立，形成有效的区域教育共同体，使资源不再局限于校内教研。老师们欣喜于集体智慧的凝聚，也享受集体智慧的成果，共同提升教师技能。

四、形成成果

江阳区初中英语工作坊在集体研讨过程中，老师们分小组展示个人研修成果，由其他老师们观察评价成果，形成了以下成果：

成果一：人教版中学英语 *Go for it* 拓展课程集。

成果二：人教版中学英语 *Go for it* 三合一资源库。

Shining & Sharing（发光，发热，分享，共生）这一名称旨在让坊内的每位老师都能充分发挥自己的专业能量，分享交流自己的经验，共同提炼提升教师技能，形成共同的初中英语教学资源库，促高品质英语课堂。

（李青梅）

第五节　四个“协同”，突破本土局限

在国培计划实施过程中，我区坚持四个“协同”，突破本土局限。所谓四个“协同”具体是指：一协同乐山师院，利用高校资源对国培项目进行落地指导；二协同新思考网，利用网络平台，为国培项目提供丰富的学习资源；三协同省市教研机构，与院地合作、星级校园长培训、质量提升学校建设等项目结合，拓宽学员学习路径；四协同各乡镇教管中心、学校，确保教师国培所得以落地与延伸。

一、协同高校

在国培工作开展之前，我们通过多方了解，知道该项工作要做出成效，必须要得到承训机构的大力支持、理解和指导，与承训机构协同配合非常关键。

为此，我们成立了专门的对外联络组，组长由教育局副局长、教研培训中心主任肖世林担任，负责与乐山师院和新思考网的主要负责领导联系，进行宏观协调。教研培训中心分管培训业务的副主任负责与乐山师范学院、新思考网国培项目领导组相关人员联络（乐山师范学院对接学院教务处谢延明处长，新思考网对接负责人肖刚），协调相关工作。

具体事务有专门的对接人员，如涉及培训者培训的管理、经费的使用等由教研培训中心师培干训室主任罗天斌对接乐山师范学院叶昕老师和新思考网陈爱蓉老师，送教下乡整个项目由区项目负责人罗洪彬副主任与乐山师院国培首席专家邹进对接，学科负责人与乐山师院学科指导专家对接。这样整个项目在运行的过程中，相关人员各司其职，整个工作运行非常顺利。两年来，我们怀着感恩的心情与承训机构配合，真诚地表达需求，认真落实承训机构的要求，

同时也得到他们的大力支持和指导，切实推动整个项目的进行，产生良好的效果。如今，乐山师院的指导老师与我区的老师共同承担课题，学院也多次表示要将我区作为学院学生的学习培训基地，新思考网表示将网络资源一直留给我区教师使用。

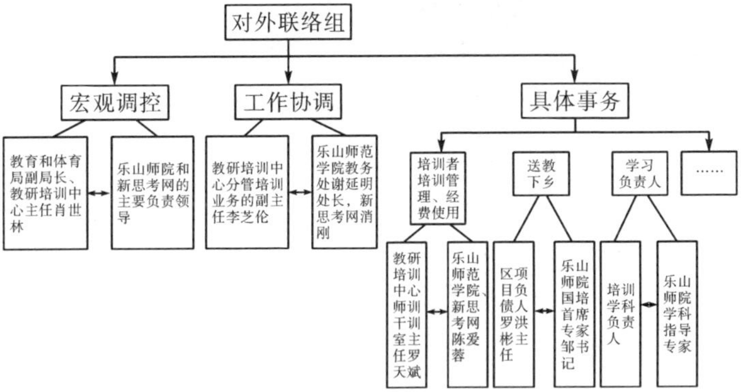

图 2-5　对外联络组的分工

二、协同新思考网

多年的实践证明网络研修是老师们不大喜欢的一个项目，应付者居多。在开展此项目之前，我们就做了充分的预判，并且调整了整个项目的开展方式，多次与新思考网协调网络学习的内容，尽量多提供老师们需要的资源，如优秀课例、备课资料等，多次与他们协商网络学习的管理，请他们不要只关注学时，要关注老师们学习的过程和学习的需求。我区在推进这个项目的时候，专门召开了学校分管教学的副校长和教科室主任参加的会议，解读该项目的实施方案，并要求每个学校结合该项目制定学校校本研修工作方案，切实将网络学习与校本研修整合在一起。其主要体现在内容整合、学习方式整合、展示交流方式整合几方面，加上我们三个项目的学习内容是一体设计的，并不增加老师们多大的负担，因此他们的学习也就比较积极。同时，因为校本研修是纳入我区素质教育质量评估的，学校非常重视，因此效果也就比较好。

在开展此项目之前，项目组进行充分预设，多次与新思考网协调网络学习的课程，整合新思考网和江阳区本土资源，整体设计，紧紧围绕关注核心素养之“学会学习”，以促进学生“会学、学好”为目标，以聚焦课堂展开教师教学的四大技能开展培训研修。我区根据实际，与新思考网进行协调，调整了网络上课程设置，如专设了实施课堂教学转型的专项技能的提升（做“四有”好教师主题研修、提升学习活动设计的技能、提升学科教学中运用信息技术的技能、提升课堂问题设计与生成的技能），落实学科核心素养能力的提升（“立德树人”主题研修、核心素养与课程开发、落实学科核心素养）等课程。

三、协同省市教研机构

江阳区教育局协同省市教研机构，与院地合作、星级校园长培训、质量提升学校建设等项目结合，拓宽学员学习路径；江阳区教育局与四川省教育科学研究院签署战略合作协议，省教科院与江阳区教育局协同共商，在培训方案制定、培训课程建设、培训活动指导、培训质量分析、培训成果提炼、经费使用标准等方面进行协同系统设计。江阳区教研培训中心负责方案的执行，在培训人员组织安排、培训需求调研、培训过程监控、培训成果收集、培训质量跟踪、培训后勤服务等方面提供保障，并与省教科院相关部门进行一一对接。

这里以“院地合作”为例，明确我们如何协同省市教研机构。

“院地合作”中“院”指的是四川省教育科学研究院、高校等，“地”指的是江阳区教育局、江阳区教研培训心，“院地合作”是指地方教育行政部门、业务部门与科研院所合作，通过合作，打破过去要么将校园长送到高校进行短期培训，要么开展本土零星培训的局限，使区域需求、校园长需求得到最大的满足，省教科院及高校的资源得到最有效的利用。

1. 合作原则

“院地合作”围绕四个关键词，即基于需求（院、地）、资源整合、协同共商、成果共享展开。

（1）基于需求。省级教育科研部门需要理论与实践结合，将理论研究落地，需要这样一个教师培训的平台；江阳区教育局、江阳区教研培训中心需要依托省教科院、高校等专家团队的指导将实践做法转化为成果，以促进教师专业发展，推动江阳区教育改革发展，全面提高教育质量；教师的专业素养需要得到发展，以提高校园长的教育教学水平。

（2）资源整合。资源整合是指把分散的资源整合在一起，以使其发挥更大的作用。这里的资源整合包括两个方面，一是管理资源的整合，即四川省教育科学研究院与江阳区教育局、江阳区教研培训中心整合，省教科院全程、全方位参与管理，监控过程，全面提高培训质量。二是学习资源的整合。①依托省教科院专家队伍，将全国各地优质学习资源送到我区。②江阳区教研培训中心、全区部分学校（幼儿园）等充分利用本土资源。③学校之间的资源相互整合。

（3）协同共商（图2-6）。省教科院与江阳区教育局、教研培训中心在培训方案制定、培训课程建设、培训活动指导、培训质量分析、培训成果提炼、经费使用标准等方面进行协同共商。在整个项目的运行过程中，每一个具体项目都有相关人员对接，各司其职。首席专家对接，负责培训方案的执行、培训人员的安排；项目专家对接，负责培训需求调研、培训过程监控、培训成果提炼；项目辅助人员对接，负责培训质量跟踪、培训后勤服务、培训成果收集等工作。

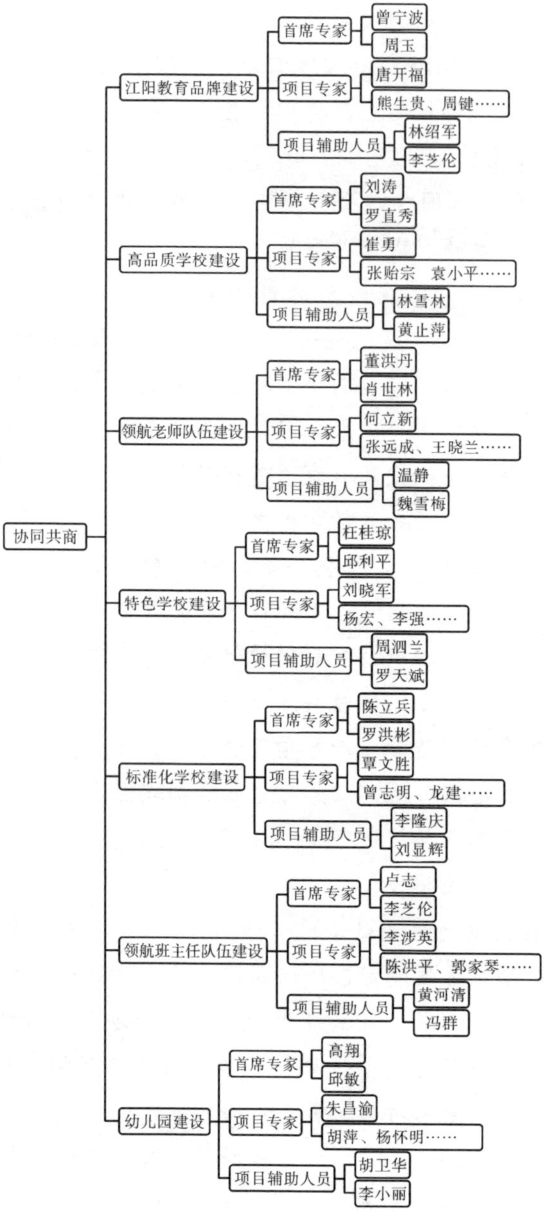

图 2-6　协调共商和内容及分工

（4）成果共享。省教科院及高校以地方为实践基地，研发出相关的培训经验及理论成果，地方依托省教科院及高校的指导，形成相关的成果，并为他们提供可研究的实践经验。

2. 合作内容

合作内容包括培养课程内容的设计、培养对象划分及学习安排、专家团队与管理服务团队的建设、阶段经费的预算等内容。

3. 明确双方责任

（1）省教科院责任。

①根据本次培训组织管理的需要，组建专业、精干的项目管理与专家指导团队，并对项目管理团队与教学服务团队成员进行培训，同时建立相应激励机制，提高团队成员参与培训管理的积极性，确保培训质量。

②负责培训方案研制，负责课程安排、专家选派、质量监控、成果提炼。

③根据教学服务标准体系，负责统筹协调培训工作，全力协助做好培训各环节的教学服务与组织管理工作，全流程监控与评估培训工作，并给予工作指导，同时建立健全相应流程标准与机制，确保培训有序、有效开展。

④根据培训需求，授权合理使用课程资源。

⑤协助江阳区教体局开发本地（本校）特色课程资源。

⑥负责为学习合格学员颁发培训学时证明（结业证书）。

（2）江阳区教育局责任。

①根据本培训组织管理的需要，组建专业、精干的项目管理团队与教学服务团队，并建立相应激励机制，提高团队成员参与培训管理的积极性，确保培训质量。

②配合省教科院开展培训需求调研、制定培训方案，结合培训方案选择教学服务内容与课程，并按照培训方案要求履行工作职责。

③负责培训的教学服务管理工作，特别是参训学员的组织管理与考核工作。

④在开展培训前落实培训项目经费及经费使用方案，保障培训项目顺利实施。

（3）江阳区教研培训中心责任。

①组建精干的项目管理团队与教学服务团队。

②配合省教科院开展培训需求调研，完成调研报告等。

③具体执行培训方案，负责培训的教学服务管理工作，特别是参训学员的组织管理与考核工作。（具体包括开展集中培训时，甲方需组织学员按时到达培训地点，并负责学员往返交通安全等。）

④根据培训工作需要，开发并推荐本地（本校）特色课程资源，以促进研修与本地（本校）实际相结合，提高培训的针对性。

四、协同基层学校

在整个国培计划实施过程中，还有一个最重要的方面就是协同基层学校。基层学校要将培训项目纳入校本研修规划，制订本校项目实施计划，将网络研修、送教下乡等与校本研修相结合，落实送培方案；协助送培团队组织好诊断示范和总结提升等环节的实施工作；负责实施研课磨课、校级成果展示等环节的实施工作；做好送培过程中的资源收集整理工作，筛选优秀成果提供给区级加工升级，将区级资源的本校资源有效转化为校本研修课程；做好本校项目实施总结工作，并督促教师做好总结提升工作；做好本校学科组和教师的过程监管和考核评估工作。

除了以上协同以外，我们还协同各乡镇教管中心，加强校际之间的互助合作，特别是城市学校在校本研修方面要给予乡村学校大力支持，为乡村教师提供培训学习的资源，确保教师国培得以落地与延伸。

2018年新教师基地校培训方案

一、指导思想

认真贯彻落实教育部《关于大力加强中小学教师培训工作的意见》（教师〔2011〕1号）、《中小学教师继续教育规定》文件精神和以人为本的培训思想，遵循教师成长规律，探索三维立体培训模式（“三”是指教研培训中心、基地校、新任教师所在学校三级培训；“三”是指专职班主任1名、基地校辅导教师1名、学校辅导教师1名三维管理；“三”是上好一节课、研究一个课题、写好一本教育笔记三个考评），让培训还原教育现场，让管理促进内修，让内修提升素养，真正助推教师专业成长。

二、培训目标

（一）课堂教学

引导新教师学习课程标准，熟悉所教教材，能按照课堂教学结构改革备课、上课，胜任教学工作。

（二）班级管理

引导新教师科学建班立制，根据学生年龄特点构建班级管理网络，熟悉班级管理工作，能上好主题班队会。

（三）微型课题

引导新教师结合工作实际，确定研究方向和重点，养成工作即研究的习惯。

三、培训要求

（一）计划总结

基地校以此方案为保底工作要求，结合学校特色和工作实际，根据2017年新入职教师任教年级、学科情况，撰写培训计划，进行经验总结。

（二）指导教师

基地校根据2017年新入职教师任教年级、任教学科情况，安排有能力、有责任心、能保质保量完成培训工作的学科和班级指导教师。

（三）培训活动

基地校创造性地开展活动，提炼培训亮点，创新培训宣传，收集各类活动资料。

四、培训内容（保底）

（一）课堂教学

（1）基地校做好10个半天的指导安排。

（2）基地校指导教师上12节示范课以上。

（3）指导新教师备课，并在基地校授课4节以上。

（4）指导新教师设计一个优秀教案以备参赛。

（二）班级管理

（1）指导新教师实习班主任工作。

（2）指导新教师设计一份主题班会或队会教案以备参赛。

（3）指导新教师在基地校主持一场主题班会或队会。

（三）微型课题

（1）指导新教师阅读两本与科研课题有关的教育教学专著。

（2）指导新教师进行微型课题研究。

（四）公开课活动

1. 学科建设集中公开课活动两次，每次一天，春秋期各一次

（1）第一次：上午指导教师示范课4节，下午基地校学科骨干教师团队（至少7人）与新教师进行“如何上好学科常态课”的学科沙龙。

（2）第二次：上午师徒同课异构各2节，下午基地校学科骨干教师团队（至少7人）与新教师进行“提高课堂有效性的策略”的学科沙龙。

2. 班级建设集中公开课活动两次，每次一天，春秋期各一次。

（1）第一次，上午优秀班主任示范课4节，下午基地校优秀班主任团队（至少7人）与新教师进行“班会课程设计与实施”

沙龙。

（2）第二次，上午新老班主任同课异构各2节，下午基地校学科骨干教师团队（至少7人）与新教师进行“实施有效沟通，建设和谐班级”沙龙。

五、基地校和参培教师所要具备的资料

（一）基地校资料

（1）基地校培训计划。

（2）师徒结对安排表。

（3）具体活动开展实施方案、过程记录、影像资料、活动简报、宣传报道。

（4）指导教师指导方案。

（5）指导教师指导过程记录含听课记录、指导活动照片。

（6）指导教师工作总结。

（7）基地校工作总结、亮点工作、典型经验提炼。

（二）参培教师资料

（1）参培教师学习计划。

（2）参培教师参培所有过程资料含听课记录、评课记录、反思、活动照片等。

（3）参培教师学习总结。

（4）微型课题研究资料。

六、附：基地校考核评价表

七、附：2018年新教师培训基地校安排表

泸江教函〔2018〕290号

泸州市江阳区教育局

关于命名2018年“新教师培训基地校”的通知

各中小学、幼儿园、特殊教育学校、实验中学：

为提高我区新入职教师培训的实效性，提升新入职教师师德

素养、理论水平和实践能力，根据《江阳区2018年新教师培训方案》和2018年中小学教师培训工作的整体安排，经研究，决定命名以下单位为2018年“新教师培训基地校”（时限2018年9月至2019年7月）：

幼儿园：蓝田幼儿园

小　学：泸师附小城西学校　广营路小学　西路学校

中　学：梓橦路学校　泸州七中　泸州十五中

泸州市江阳区教育局

2018年9月10日

第六节　四个“创新”，指向有效学习

为了“国培”工作取得实效，我们结合区域品质教育发展与教师队伍建设实际，在规范实施的基础上对“送教下乡”项目、“网络研修”项目和“工作坊研修”项目做了四个“创新”，即培训方式创新、学习方式创新、班级管理方式创新和学习总结创新，帮助参培教师在“国培”活动中更有效地学习。

一、培训方式创新

教师专业成长的培训活动已很丰富，已有教研组研讨、备课组活动等校本研修，还有名师工作坊，在此情况下再实施“国培”工作，若让其“并行”，则容易导致“各自为政”的情况，使得参培教师“疲于奔波”。为此，我们将校本研修、名师工作坊与“国培”项目整合，既优化资源配置，又拓展研修时空，同时推动送培团队与参培教师共同学习，一起研修，在“实战”中取得“国培”实效。在这个过程中，我们创新培训方式，主要有“项目式”“对话式”“论坛式”等培训方式。

（一）“项目式”培训

在常规培训方式的基础上，我们在“国培”工作中规划并实施了一些专题类项目培训（表 2–8）。

【案例】

表 2–8　“国培”江阳区 2018 年培训项目统计表

序号	项　　目
1	“星级”校（园）长培养项目
2	领航教师队伍建设项目
3	领航班主任培养项目
4	新教师专题培养项目
5	科研骨干培养项目

“项目式”培训既丰富了“国培”工作的培训内容，又创新了“国培”工作的培训方式。

【案例】

“国培计划（2017）”江阳区领航教师队伍建设项目

2019 年培训方案

为了深入推进领航教师队伍建设，全面落实领航教师培养要求，根据《江阳区“星级”校（园）长暨名优教师培养工程——领航教师队伍建设项目实施方案（2018—2020 年）》制定本方案。

一、指导思想

以习近平关于教育的重要论述为指导，全面贯彻党的教育方针，坚持社会主义办学方向，深化新时代教师队伍建设改革，遵循教育规律和教师成长发展规律，全面提升教师素质能力，深入推进教师培养体制机制改革，培养一批优秀骨干教师队伍。

二、培训目标

通过专题讲座、论坛交流、观摩学习、课堂实践等多种形式的学习，增强领航教师培养人选的能力，不断提升师德修养与专业素养，在教师阅读、课堂教学改革、学科课程建设、教育科研等方面引领区域学科教师专业发展，推动江阳教育改革与发展，推进江阳“全域品质教育”品牌建设，促进江阳教育全域优质均衡发展。

三、培训对象

2018 年遴选的江阳区领航教师培养对象。

四、培训安排

第一阶段（2019 年春期）

主题：阅读与师生成长

1. 专家讲座

2. 一线优秀校（园）长、优秀教师专业引领

3. 互动研讨+参与培训

第二阶段（2019 年秋期）

主题：课堂教学改革与教师发展

1. 个人自主研修

专题研读课堂教学改革论著。

2. 课堂教学实践

领航教师课改展示（评）课。

3. 观摩学习活动

选派骨干到教育发达地区观摩学习。

4. 提炼研修成果

建设领航课堂教学模式（群）。

五、培训保障

（一）组织保障

为确保本培训工作高质、高效地实施，特成立以下组织机构。

1. 项目领导组：×××

2. 项目实施组：×××

3. 后勤保障组：×××

（二）制度保障

1. 建立健全各类人员职责

（1）项目实施组职责。

①制定培训方案，根据培训方案编制课程计划，选聘主讲教师。

②组织培训团队成员开展集体备课，围绕培训主题开发培训课程，保证课程质量。

③按照培训方案，具体组织实施本项目，不得随意改变课程内容和教师。

④按考核评价办法，制定考核细则，对学员进行考核。

⑤组织编写培训简报和撰写项目实施工作总结，并按要求及时向项目领导组提交相关材料。

（2）培训项目班主任职责。

①协助项目负责人执行培训方案，开展培训活动。

②负责学员培训期间的学习管理和后勤保障。

③提供教学保障，负责培训考勤，指导学员开展课外活动，协助项目负责人对学员进行考核。

④摄制培训照片（每个专题1~3张照片），收集、整理培训期间的教学课件、发言材料。

⑤组织学员撰写培训心得，组织编写培训简报，撰写班主任工作总结。

六、学员守则

（一）学员管理

（1）实行学员自主管理。培训班配备了班主任，全程跟踪服务。在班主任的指导下，班级组成班委会，组织开展班级活动。

（2）大班建立部、小班建立组，以部为活动主体，以组为基本单位，立体开展班级活动，创造性、高质量地完成培训任务。

（二）学习要求、考核

（1）学习要求。培训期间，参培教师必须保质保量参加全部培训活动，按照要求认真听课，积极分享，围绕专题提出困惑，与培训者互动，完成培训作业；各小班推出代表主持培训流程，组织参培教师及时撰写通讯报道、编制学习简报；

（2）考核。根据学员培训期间的师德表现、出勤情况、课堂研讨、交流发言、班级活动、作业完成等情况进行自评、互评和终评。评优比例为学员人数的10%~15%，并将评优情况通过培训简报上传至江阳教育师培群，并向教育局汇报。

（三）纪律要求

培训期间，参培教师必须自觉遵守国家政策、法规及班级管理制度，服从管理，加强自我教育，遵守培训纪律。

（1）学员必须按时参加学习，严格遵守课堂纪律，不迟到、不早退、不旷课，一般不得请假。如有特殊原因必须请假者，按相关规定，必须具备书面假条，任教学校签字盖章，一天及以上者，须区教育局人事股签字同意后将假条交到区教培中心师培干训处存档；一天以内者，须区教培中心师训干训处签字同意后将假条交培训班主任存档。凡未请假的，均按旷课对待。

（2）参培教师应尊重培训者和管理人员，课堂上不得随意走动，将手机关机或调到振动状态，原则上不接听电话，紧急电话需到教室外接听。

（3）注意人身、财产、交通安全和食品卫生。爱护公物，节约水电；讲究卫生，不在公共场所吸烟；注意防火防盗，保管好自己的财物，贵重物品随身携带。

（三）经费保障

区教育局提供培训经费，监督经费使用。

附：培训经费预算

（1）第一阶段集中培训经费预算。

（2）第二阶段培训经费预算。

（二）“论坛式”培训

传统的授受式培训易于组织，能直接传达思想和内容，不过其由于形式单一，容易导致参培教师听讲时感动，回想时激动，过后则不动。为了增强培训的实效性，我们推出“论坛式”培训，根据“国培”主题精心策划论坛形式，用心选择嘉宾讲师，贴心设计反馈意见表格等，把“同伴互助”放在具体环境中，重在组织教师参与，通过问题的交换分享、合作研究及磋商解决，最终达成提升教师综合修养的目标。

【案例】

“国培计划（2017）”师生阅读与学校品质发展论坛

时间：

2019 年 4 月 23 日。

地点：

江阳区教研培训中心。

人员：

全区中小学校长、副校长、领航教师。

程序：

一、交流发言

1. 泸师附小城西学校：学生阅读课程建设

要点建议：阅读资源的开发利用，阅读内容的构建（阅读读本的编写），阅读课程的有效实施。

2. 泸州市广营路小学：教师“自主化”阅读

要点建议：从有组织的“强制性”阅读到无组织的“自发性”阅读。学校搭建平台，提供机会，给以保障，加以激励。

3. 江阳区石寨学校：农村学校学生阅读活动的组织与开展

要点建议：开展了哪些活动？是怎样组织的？学生的变化？

4. 梓橦路学校：班级阅读活动

要点建议：教师阅读对学生的影响，教师如何带领学生进行阅读？

二、“全域阅读”实施方案解读

布置工作。

（三）“对话式”培训

为提高“国培”的实效，我们改变以前培训中送教者在上面声情并茂地讲、参培者在下面听记的形式，在常规培训方式的基础上实施“对话式”培训，即送教者抛出一个话题，让参培者思考、讨论，然后交流分享对这个话题的思考。这种培训方式如同班级里面的小组讨论合作学习，能让每一个人都能够动起来，在送教者的引领下，参培者围绕培训话题积极参与研讨，在“头脑风暴”中实现专业成长。

【案例】

“国培计划（2017）”阅读与教师专业成长研讨活动

时间：

2019年4月23日。

地点：

江阳区教研培训中心四楼学术厅。

人员：

江阳区领航教师培养对象。

程序：

一、专题学习

肖世林的《新时代教师的根本任务》。

二、对话一：如何认识教师阅读？

1. 你认为，学校要推进教师阅读最关键的是什么？

2. 你认为，要让你的学生爱上阅读，你可以做什么？

3. 怎么有效地使用好学校的图书室？

4. 你认为，师生阅读与学校品质发展有什么关系？

三、对话二：如何推荐阅读书目？

1. 请你就文化自信给领航教师推荐一本书，你会推荐什么？

理由。

建议：通识阅读，开阔眼界，丰厚底蕴。

2. 请你就学科阅读给同科教师推荐一本书，你会推荐什么？理由。

建议：专业阅读，修炼内功，提升学养。

3. 请你就成长阅读给你的学生推荐一本书，你会推荐什么？理由。

建议：引领阅读，激趣练能，助推成长。

四、任务布置

1. 阅读内容。

2. 阅读要求。

二、学习方式创新

专家报告能给听课教师带来理念上的冲击和实操层面的帮助，但由于缺乏针对性和长期性，培训的余温很快散去。为此，构建教师学习共同体，通过自主与合作的方式共同完成项目学习有助于解决这一问题。这类培训在形式和内容上都赋予了“国培”意义。一方面，培训成员由于来自不同学校，在年龄、学历、任教科目、学习意愿和能力、专业发展水平等方面都存在诸多差异，因而更容易在交流合作中碰撞出火花，给培训带来新鲜感。另一方面，学习共同体在内在机制上以完成共同的学习任务为目标，因此有助于学员在学习过程中沟通、交流，分享学习资源，协商解决教学中遇到的问题。

从实践视角看，教师学习共同体存在的价值在于为参培教师创建有益于提高教学水平所需的经验分享、知识学习与实践改进的支持机制。其既离不开送培团队的专业引领，也离不开参培教师相互提携的共同学习，更离不开参培教师的自主努力。在很大程度上，教师学习共同体并不是正式的机构组织，而是非正式的、在自觉自愿基础上形成的合作学习性质的人际交往关系。

在信息技术日益融入现实生活的今天，我们构建的教师学习共同体形成了集自主实践、集体活动、线上研修、自主实践、成果分享等多种形式于一体的运行机制。借助技术支持，教师学习共同体可以根据任务和兴趣更新迭代、变换重组，呈现出无限的灵活性和多样性。志同道合的教师，即使不见面，也可以实施无间隙的讨论交流，开展不同时段的共同合作。

特别需要指出的是，在全面促进教师专业发展目标的探索实践中，构建教师学习共同体完全可以作为激发参培教师学习积极性，以及增强教研与"国培"实效性的发展机制。

【案例一】

潜心思考　智慧碰撞

——记"国培计划（2017）"江阳区初中语文工作坊第一次集中研修

（2018年7月3日）

刚刚结束了紧张的校园生活，伴随着暑假的临近，泸州市江阳区于七月二号和三号举办了"国培"参培教师的学习活动。这两天里，江阳区初中语文工作坊的"语文人"齐聚梓橦路学校，在"阳光语路"送培团队的带领下合作研制初一上期语文单元练习题，并专题探讨群文阅读。活动中，所有的老师不在乎天气的炎热，都积极地参加坊内的学习活动，尽心尽力地完成坊内的作业。

此次集中学习活动为参培教师进行学习交流提供了一个很好的平台。大家对于教育教学的思想的探讨在互动中碰撞出了火花。制卷活动更是让大家意识到了习题制作对语文教师的重要性，群文阅读也让大家认识到教育应该进一步创新！

老师们在这次集中学习活动中感触颇深、受益匪浅。以下摘录几位老师的学习感言，管中窥豹，以表达参培教师的感受。

参培教师1：群文是相对课本中的单篇而言的，它主要就是要弥补单篇阅读中的篇幅限制，用几篇相关或者相互印证的文章来扩大学生的阅读视野，提升学生的语文素养。它不是否定现在的单篇阅读教学，而是一个有力的补充。设计群文阅读教学一定要有一个切入点，最好是由课内的文章引入到课外的文章，由课内的知识点迁移到课外的知识点，这对教师来说是一个很大的挑战，所选文章一定要符合自己的主题，学生能够阅读理解完成。这样对学生的阅读素养也是一大增强。打破一篇文章的限制，学生必须提前预习，提高阅读效率，用课内的知识去解决课外的问题。在信息高度发达的今天，提高阅读能力是基本要求，群文阅读也是大势所趋，我们要顺势而为，努力学习提高。

参培教师 2：第一天分小组制作试卷，老师们都很积极地参与。我们所在的语文一坊四组的老师们在组长的带领下分工合作，两套试卷以最高效的形式呈现出来。在活动中各位老师献言献策，力争将卷子向中考试卷看齐。第二天主要研究群文阅读。群文阅读主要是让学生自己读，让学生自己在阅读中学习阅读。因此，群文阅读的教学目标一定要抓住重点，突出要点，把握难点，一定要学会放弃冗杂的内容；必须根据读物的不同性质，更多地尝试略读、浏览、跳读等阅读方式。群文阅读更是对语文教师的课堂教学提出了挑战。课堂上，如果要让学生读“一群”文章，就意味着教师要去读更多的文章。为此，我们语文教师就要不断丰富阅读积累。群文阅读活动带给我们全新的阅读形式，随之而来的还有关于阅读全新的思考和探索。这是一场关于语文阅读教学的革命，革命需要坚持和尝试，作为一线教师，我们是群文阅读的探索者和实践者，如何将阅读课上得高效，我们需要不断尝试和改革。

参培教师 3：落实群文阅读的前提是选好文章。教师要结合教材及课外读物，针对相同的议题，进行多文本的阅读内容选择，进而才能进行多个文本、同一个议题的教学。这就需要教师大量地去阅读，去寻找表达同一个主题的文章，并对其进行筛选之后给学生阅读。这样有针对性的阅读指导，可以拓宽学生的阅读视野，引领学生的阅读生活，有利于培养学生整体把握文章的能力，有利于学生自主阅读水平的提高。所以，文章的选择对于群文阅读教学尤为重要。我们不但要鉴别选择各种不同风格不同写作水平的文章，也要根据孩子们的年龄特征选择他们能体会和理解的文章。这绝不是一朝一夕就能完成的工作，而是需要教师自身长时间的阅读积累和文学修养，需要严谨的敬业精神和积极的工作热情。这也绝对不是单独某位教师能够完成的工作，而是需要全体教师携手合作，集思广益才能做得尽善尽美。

此次集中研修活动，带给我全新的思考，要想给孩子一碗水，自己必须先有一桶水，要想上好群文阅读课，教师必须付出大量的精力去读书，去备课，然后带领孩子去读书，用阅读给孩子们带去快乐，让孩子们沐浴在书的芳香里，收获更多的美好。

（唐丽、许忠莲）

【案例二】

"国培计划（2017）"江阳区乡村教师小学数学2坊第一次集中研修活动掠影

世间最美好的事莫过于最恰当的遇见，在这里，我们心手相连，我们智慧相伴；在这里，我们谈笑风生，我们激情澎湃；在这里，我们同行在国培这个温暖的大家庭里，国培将见证我们的成长，国培将成就我们的梦想！

2018年6月29日至6月30日，小学数学2坊的老师们参加了数学拓展课程开发的第一次研讨活动，这次活动在泸州市江阳区梓橦路学校举行。

培训会上，工作坊骨干教师李敏老师对工作坊项目做了简要介绍，希望工作坊学员在明确培训目标和学习任务后，能够学有所获。

活动展示

第一天

夏日炎炎磨灭不了学员们一颗积极学习的、炙热的心，各组学员在李老师的启发下辛勤地耕耘着：查阅资料，认真思考各自的任务，确定拓展课程的目标。由最开始的不知所措到之后的轻车熟路，学员们在热烈的讨论中成长，在热情的互帮互助中进步，不亦乐乎。

我们2坊的学员围绕他们组的任务构思拓展课程，口头汇报成果。这很好地激发了学习兴趣，同时学员们听得津津有味，积极进行互评互助。

大家都设计出了有趣的活动，在玩中学，在学中玩。各组的组员们在思想的碰撞中，各抒己见，凝聚成了一份属于各组的独有的成果，反映自己组的一致性与独特性。

思维的碰撞，智慧的绽放！

这真是非同寻常的一天，大家刚从忙碌而紧张的期末复习中走出来，就精力十足地投入新的学习活动中，并以“受益颇多、受益匪浅”等词语圆满结束。

第二天

2018年6月30日，每组都在昨天的交流中有所收获，并对自己的活动设计进行了修改和整理。

短短两天的学习充分展示了大家学习的热情。按照每个组要汇报2个设计的要求，有挺着沉重身体的“准妈咪”来到教室里畅所欲言的，有身体不佳的学员拖着疲惫的身躯参与积极讨论的，有带着可爱宝宝的妈咪们活跃在学习的舞台上的……看着看着，听着听着，似乎大家都忘记了夏日的炎热。

时而静思、时而热议的氛围，不断地遨游在知识的海洋与交流地愉悦里的我们，真正体会到数学的乐趣，再次感受到教师的奉献精神。

学员心得

（一）

我在本次数学拓展课程培训中受益颇多，由不知道什么是数学拓展课程，到熟识数学拓展课程，这是一个很值得学习并思考的过程。

我通过对不同年级的不同版块进行学习和研讨，不管是在专业素养还是在业务水平方面都得到很大的进步。拓展课程对于一节课的运用具有很强的指导性，老师要从中学会，让学生明白不仅应学好例题等课程内的知识，还应该学会如何去巩固所学知识，并学会如何运用知识。数学来源于生活，但是对学生来说，他们缺乏的正是将生活与数学紧密联系起来的思想和方法。本次培训正好弥补此方面的知识的缺乏。因此，我在本次培训中学到了很多，成长了不少，这对我以后的数学教学有很好的示范作用。

（二）

通过这两天的培训，我收获颇多。

第一，设法创设出生动有趣的生活情景，所有学习都要力求从学生的实际出发，以他们熟悉或感兴趣的问题为切入点开展活动。

第二，让学生在活动中学习。数学学习是一个过程，学生只有在动手、动口、动脑等活动中参与数学的学习过程，才能更好地理解知识、运用知识。这就好比骑车，如果只是通过看、听，是学不会的，只有自己亲自骑了才能掌握技巧。

（三）

两天的国培学习，使我大开眼界，学会了很多平时学不到的知识，使我在思想上受到了彻底的洗礼。

第一，从思想上，彻底转变对教育的认识。小学数学应该培养学生的核心素养，其中课程的拓展是实现这一目标的关键点。

我们必须从思想上彻底改变过去陈旧的教学观念，才能更好地服务于教育。

第二，充分了解学生，成为他们的良师益友，恰当运用教学方法，多表扬少批评，及时发现孩子的优缺点，进行循循善诱的指点，使每一个孩子都能健康成长。

第三，学以致用，使学生把知识转化成能力，培养孩子的观察能力、交际能力、动手操作能力，养成爱动脑的好习惯，从而帮助他们更好地实现自己的人生价值。

卷尾寄语

小学数学2坊第一次线下研修活动已经圆满结束，全部学员都意犹未尽，相信每位学员都收获满满，定能将所学知识应用到自己的教育教学实践中去，让我们一起期待下一次相约。

（彭艳）

在以上两个案例中，初中语文和小学数学两个学科建构了教师学习共同体，通过工作坊集中研修方式，打破“单干”模式，开展“协作”学习，极大地拓展了学习时空，丰富了学习方式，提高了学习实效。

三、班级管理方式创新

“国培”班级管理在很大程度上影响着“国培”项目实施的成效。因此，如何有效地进行班级管理，推动参培教师以主人翁责任感投入“国培”学习有着极为重要的作用。为此，我们把送教下乡、网络研修和工作坊研修三个“国培”项目的所有学科班级的管理从方式上进行大胆创新，都实行教师“自组织”，推行班级管理自治。

【案例】

“国培”小学数学1班自治制度

一、管理制度

1. 学习期间不准请假、迟到、早退、旷课。

2. 参训教师必须按要求准时参加每一次培训活动，认真做好课堂笔记，完成培训相应任务，积极参加交流讨论，认真反思总结。

3. 遵守课堂纪律，上课时间将手机设置为关机状态，不得在课堂上接打手机、发短信、手机上网。

4. 听课期间不得交头接耳，不得大声喧哗，不得随意走动，不得无故中途退出场。

5. 教室内禁止吸烟，禁止乱扔垃圾，维护干净、整洁的教室环境。

6. 培训期间个人一律不得请假，因特殊原因确需请假的，应按规定提前履行请假手续。

7. 严格遵守作息制度，就寝时间不得影响他人休息。

8. 严格遵守住宿管理制度，遵守宿舍作息安排。

9. 保持宿舍内外整洁，爱护公物，节约水电。

10. 注意宿舍安全，做好防火、防盗工作。

二、督查制度

为加强培训过程管理，高质量完成培训任务，特设立教学督查组。教学督查组由培训领导小组成员兼任，负责组织培训教学活动的督查工作。

1. 负责培训过程、培训质量、教学秩序、教学管理等方面进行监督、检查、指导，对存在的问题提出改进的意见和建议。

2. 参与培训课程设置论证等重大教学活动。

3. 每期至少听课2次，对授课教师的教育思想、教学态度、教学内容、教学方法、教学效果等进行分析与评价。

4. 及时与参训教师及授课教师进行交流，了解参训教师及授课教师对培训等方面的意见、建议和要求。

5. 对于干扰和影响教学秩序的言行有权制止，对违纪的教师及参训教师有权提出批评。

6. 对教学效果较差的老师有权提出建议，对不接受、不改进的教师有权提出批评。

四、学习总结创新

变“学习作业”为“成果提炼”，探索出“专题培训—自我提炼—同伴互助—专家指导”的提炼方式，引领参培教师提炼教学经验、建构教学模式、开发课程资源等。

（一）教师提炼教学经验

在工作总结基础上，参培教师对教学与思考做进一步提炼，转化为可供借鉴的教学经验，甚至撰写成教育教学论文。

【案例】

平凡朴实的课应该泛起美丽的涟漪

平凡的课是我们一线教师平时经常上的常态课。平凡的课，我们要让它变得不平凡，让学生从课堂学习中感受到快乐，从课中有所得，从课中有所悟……正如全国特级教师于漪老师所说：“每一节课都会影响学生的生命质量。”

在“国培”送教下乡学习后，我校积极将学到的理念运用到校本研修中。我校认识到每一节平凡朴实的课都应该让学生的生命泛起美丽的涟漪，让有限的生命尽显无限的魅力。

一、尊重学生个性，寓教于乐

教育学家乌申斯基说：“没有任何兴趣，而被迫进行的学习，会扼杀学生掌握知识的意愿。”这说明兴趣是学生学习的第一老师。只有感兴趣的，自己学习起来才有动力，才有信心，才能学得快乐，才有收获。

我校在校本研修中，积极将国培理念运用到校内语文教研活动，认真地开展实践活动。以下是笔者指导的实习教师李品娟老师在教学三年级《慢性子裁缝和急性子顾客》一课时的教学案例分析。

为了让三年级的孩子认识课题中"慢性子"和"急性子"的意思，李老师首先让学生边看动画片边思考：朱迪、闪电是什么样的人？教师首先以学生喜闻乐见的动画片《疯狂动物城》视频导入，让学生形象、直观地体验到这两个词语的意思。其次，老师让学生交流动画片中朱迪、闪电是什么样的人，加深了学生对课题的理解。最后，学生有感情地朗读课题指导。教师相机指导：读"急性子"时要读得急切，读"慢性子"时语速要读得缓慢。学生很快就心领神会，读出了人物的性格特点。学生在这样轻松、快乐的氛围中，由浅入深、有层次地学懂了课题。

二、关注学生发展，一课一得

关注人的发展是新课程的核心理念。在教学实践活动中，关注学生的学习方法的习得有助于关注学生终生能力的养成。李品娟老师在教学《慢性子裁缝和急性子顾客》一文的主要内容时，首先展示概括本文的主要内容的结构化言说模板：

这篇课文，主要讲了一位急性子顾客到裁缝店里做棉袄，第二天要求裁缝把棉袄____；第三天要求裁缝把夹袄____；第四天又要求把衣服____，然而其实慢性子裁缝连料子都没有开始裁的事。

其次，学生自主阅读课文，独立完成。教师巡视指导后进生。

接下来，抽取优异的学生进行汇报，老师相机出示答案：

这篇课文，主要讲了一位急性子顾客到裁缝店里做棉袄，第二天要求裁缝把棉袄<u>改成夹袄</u>；第三天要求裁缝把夹袄<u>改成短袖衬衫</u>；第四天又要求把衣服<u>接上袖子</u>，然而其实慢性子裁缝连料子都没有开始裁的事。

然后，学生四人小组内，两两为单位将课文内容完成的叙述“你说给我听，我说给你听”，看谁说得又对又快，评出学习小明星。

最后，分两层进行检测。

抽取班上的中等生检测，老师展示：这篇课文，主要讲了一位急性子顾客到裁缝店里做棉袄，第____天要求裁缝把棉袄____；第____天要求裁缝把____；第____天又要求把衣服____，然而其实慢性子裁缝连料子都没有开始裁的事。

抽后进生进行叙述主要内容检测时，李老师耐心地走到孩子的身边，竖起大指母告诉他们：“你们能行!”孩子吞吞吐吐、小声地说着本文的主要内容。当他们在叙述中不会时，老师和其他学生进行助力，领着他们说，再由后进生重复叙述一遍，帮助这类孩子大胆表达。教室里响起了赞美的掌声，他们的脸上洋溢着幸福的笑容。

老师相机点拨：你发现第二天、第三天、第四天是时间的词语，你还发现了这篇课文是按时间顺序来写的，我们在概括这类文章时，就可以抓住时间的顺序来概括主要内容。（老师板书：谁在什么时间干了一件什么事。）

李老师给学生提供叙述主要内容的框架，帮助初次学习概括主要内容的三年级的学生找到了概括此类记叙文的方法。学生通过本节课的学习习得概括这一类文章的主要内容的方法。

本节课，李老师就只做一件事——概括课文的主要内容，看似平凡朴实，可是却关注了每一位学生的终生能力的发展，让学生从课堂学习中感受到快乐，从课中有所得……

（李启芬）

（二）建构学科教学模式

植根教育理念，依托学科需要，凝练教学范式，合作完成学科教学模式的建构。建构学科教学模式，帮助新任教师“有招”

教学以上好“合格课”，促进骨干教师“活招”教学以鲜活“常态课”，提升名优教师教学呈现出“无形之招”特点以丰富“创新课”。这既是一种有效的自主研训方式，又是一条实效的专业发展路径。

【案例】

江阳区初中语文教学建模之“‘三四三’自导式”阅读教学模式

［教学建模］

依据四川省教科院关于“自导式”教学的理论，江阳区初中语文学科切合阅读教学发展需要，以学生自主学习为出发点，建构起“‘三四三’自导式”阅读教学模式。

“三”（第一个）即“三环”，指阅读教学在时间安排上的三个环节：课前、课中、课后。具体教学实践为：①课前——精准前置学习。师生共同设置阅读任务，制定导学任务单。②课中——精准探究释疑。教师精准指导，学生精准探究。③课后——精准拓展迁移。精准总结阅读，精准作业布置，形成拓展学习任务单。

“四”即“四导”，指阅读教学在师生活动上的四个步骤：导入、导学、导思、导结。具体教学实践为：①导入——激趣导课。②导学——明确目标。③导思——自主学习+合作探究+交流分享+精准释疑。④导结——拓展迁移。

“三”（第二个）即“三读”，指阅读教学在思维发展上的三阶段要求：读通、读懂、读活。具体教学实践为：一读“读通”，能正确朗读、积累词句、感知文意等；二读“读懂”，能理解内容、体会情感、品味语言、揣摩写法等；三读“读活”，能拓展阅读、群文阅读、读写结合等。

“‘三四三’自导式”阅读教学模式旨在突出学生自主、合作、探究性阅读，同时强化教师精准导读。本模式在阅读教学实践中遵循了阅读教学规律，简化了阅读教学程序，因而既给予了学生自主的阅读时空，又彰显了教师导读的教学个性。

［建模课例］

初中语文阅读教学之“‘三四三’自导式”阅读教学建模课

紫藤萝瀑布

——在聆听花语中探寻“托物言志”的写作手法

（统编语文教材七下第17课，唐丽执教）

课例略。

（唐丽）

案例中初中语文送培团队根据学科建模要求，结合学科特点和课改目标建构了“‘三四三’自导式”阅读教学模式。若干这样有特色的教学模式，即可建构起实用的教学模式群。

（三）开发学科资源

为解决学科教学资源的缺失和零教的问题，我们借助“国培”研修总结，合作开发学科资源，既修炼参培教师的专业技能，又丰富学科教学的课程资源。

【案例】

小学语文“送教下乡”课程资源开发目录

一、低段（一、二年级）

1.“四大技能”之识字教学

2.“四大技能”之阅读教学

3.“四大技能”之习作教学

二、中段（三、四年级）

1.“四大技能”之阅读教学

2.“四大技能”之写作教学

3.“四大技能”之口语交际教学

三、高段（五、六年级）

1.“四大技能”之阅读教学

2. "四大技能"之写作教学

3. "四大技能"之口语交际教学

（陈艳）

本案例中，小学语文根据送教下乡的内容建构技能、教学设计技能、教学实施技能和教学评价技能这四大技能的培训要求，以及学科教学的三个版块进行课程资源开发，全体参培教师既分工又协作，合力完成课程资源开发任务。

第三章　“国培”引领教师自主成长的区域评价

为了落实国培经费，为了培训的过程落地，为了每一位乡村教师的发展，为了促进每一位乡村教师专业素质的提高，改进教学，提高质量，江阳区对整个国培工作进行评价。

第一节　“国培”工作的过程督查

为切实加强我区“国培”项目工作的管理评价，我区成立由区政府督学，人大副主任聂华伟任组长，教育局、教研培训中心相关人员组成国培督查评估领导组。

组长：聂华伟（区政府督学，人大副主任）。

副组长：周玉（江阳区教育局党委书记、局长）、罗直秀（江阳区教育局党委副书记、纪委书记）、肖世林（江阳区教研培训中心主任）。

领导组成员：邱利平（江阳区教育局副局长）、张贻宗（江阳区教育局人事师培股股长）、龙健（江阳区教育局教育股股长）、唐宏（江阳区教育局计财股股长）。

督查评估领导组的具体职责是：认真贯彻落实教育部和省教育厅国培项目县政策，结合江阳区实际制定具体评价办法，制定对江阳区国培所有项目的整体评估，以及对培训团队、培训学员、基层学校等的评估细则。落实各项目学校责任，领导区教研培训中心项目实施组开展工作，安排部署、检查督办、考核评估项目工作。

领导组下设办公室，设在教育局教育股，具体组织过程按督查表进行记录（表 3-1）。办公室具体职责是：对送教下乡培训、校本研修与网络研修整合培训、教师网络工作坊研修等项目的各方面进行具体评价；根据评价标准，在项目实施过程中，时时对照标准去衡量和校正培训工作，有的放矢地规范操作。

表 3-1　江阳区“国培计划（2017）”督查

项目	检查时间	检查人	检查形式	检查情况记载

备注：检查形式有网络检查和现场集中检查。

第二节　“国培”评价操作

本着“为了每一位乡村教师的发展”的评价理念，建构国培评价体系将从评价主体（评什么）、评价操作（怎么评）、评价结果运用三方面进行阐述。

一、评价主体

为了改变以往教师培训中评价单向、主体单一的评价现状，打破评价主客体分离的局限，我区在对所有参与的各责任主体与角色进行分析的基础上，确定国培评价的主体包括教育行政部门（教育和体育局）、培训机构（教研培训中心）、培训者团队、参培教师、基层学校等。

（一）教育和体育局

教育和体育局是教师培训项目的统筹管理者，在整个国培项目中，承担着从管理规划到经费支持、从资源整合到经验推广等方面的重要工作。因此，教育和体育局作为国培项目的最高管理者，自然是培训评价的重要主体，并且教育和体育局是否履行好了自己的职责，对整个培训项目实施效果的好坏起着决定性作用。所以，教育和体育局也是国培的评价对象。

（二）教研培训中心

教研培训中心是具体承担培训项目的组织者。在培训中，教研培训中心是直接落实教育和体育局规划的，需要对所承担的培训项目，从方案设计到组织规划，再到对每一个环节的实施等培训全程参与和调控。因此，教研培训中心在整个培训过程中起着至关重要的作用，教研培训中心是否明确自身的职责任务并有无加以落实，直接关系培训的实效性的高低。因此，它也必然是国培的重要评价对象。

（三）培训者团队

培训者团队是承担培训项目的具体实施者，他们负责落实具体的培训任务，他们是教育行政部门的规划的执行者，对教育行政部门的规划方针是否符合实际有一定的评判，同时也是与培训对象接触最多、最了解其情况的人员。因此，培训者团队本身也是重要的评价主体。

（四）参培教师

参培教师是被培训者。在传统的教师培训中，培训对象在培训中往往都是“聆听者”角色，难以参与培训的各个环节之中，在这种被动的评价环节中，参培教师就仅仅只是一个评价对象，很难发挥被培训者的主体性。正如学生一样，他们在课堂上不能只是坐、听、看，而需要参与上课的过程，体现他们的参与性与主体性。所以，参培教师本身就是评价的主体，只有通过对乡村教师的评价及他们的自我评价和对整个培训项目的反馈，才能够真实反映培训的结果。

（五）基层学校

基层学校作为项目实施的基地，对整个国培项目的支持和重视程度关系其参培教师能否解决生活或工作中的困难，能否督促他们积极参加培训，努力完成学习任务，以及在学习中的收获情况。同时培训结束后，基层学校对校本培训开展情况是否跟踪观测，能否持续开展有针对性的校本研修等都有重要影响。所以，基层学校也是我们的评价主体。

二、评价操作

教师培训评价具有激励和导向功能，是培训工作的指挥棒。我们设计了教育行政部门、培训项目、培训团队、参培教师、基层学校等多向性的评价系统，每一方都是评价的主体。

（一）教育和体育局评价

教育和体育局对整个项目的培训起着统领的作用，其管理规范与否，直接影响着整体培训效果的好坏。因此，我们对教育和体育局的管理制定了以下评价内容：一是培训的顶层设计，包括方案的设计、计划安排等；二是机制建设情况，包括管理的制度、保障机制、监管机制等；三是其他资源，包括组建团队、资源支持、经验介绍等。

从我区实际出发，江阳区教育和体育局评价见表3-2。

表3-2 江阳区教育和体育局评价

评价对象	评价内容	评价细则
江阳区教育和体育局	方案设计	《江阳区国培项目县培训项目实施方案》是否合理，有没有统筹规划等
	制度建设	全区国培工作相关制定、保障机制、监管机制制定的情况
	经费支持	全区开展国培的经费利用情况
	其他资源	是否组建团队，资源的支持、经验的推广应用情况

（二）培训项目评价

由于江阳区的国培分为乡村教师工作坊、送教下乡、网络研修与校本研修整合、培训者培训几个项目，因此，我们分别制定了各个项目的评价标准。

1. 送教下乡项目评价

送教下乡项目中包括对培训者的评价（与评价团队评价相同）、参培教师的评价（与其他项目中的评价相同）、学科专题培训效果评价、参训教师对培训机构的评价、培训机构对学校培训工作的考核评价等内容。

（1）对培训团队（培训者）的评价。

对培训团队的评价（表3-3），我们从培训者的以下几个方面进行。

①培训团队成员能否积极主动地参与培训，是否能形成教学教研能力和培训指导能力。

②能否按要求执行培训方案，保质保量完成培训的任务。

③能否解决乡村学校和教师的课堂教学难题，是否具有一定的领导能力和协调能力。

④能否主动思考、敢于担当，有自己的看法，明确自己的工

作职责和团队的目标。

⑤能否不断总结经验，发现问题，在工作中有无创新意识，是否提高了培训的实效性。

⑥在诊断示范、研课磨课等阶段，能否对培训教师起到示范、引领的作用。

⑦对送培经验与成果能否进行总结并推广应用，对其他一线教师是否起到辐射引领作用。

表 3-3　对培训团队的评价

序号	评价内容	评价等级			自评	区项目办评价
		5 分	3 分	1 分		
1	参加培训					
2	培训任务					
3	培训能力					
4	自主性					
5	创新性					
6	示范引领					
7	成果辐射					
合计						

“国培计划（2017 年）”中西部项目江阳区优秀项目培训者评选办法

为了总结国培项目实施的成效，表彰先进，树立榜样，经江阳区教育局、江阳区国培项目办批准，“国培计划（2017）”——江阳区中西部项目培训项目办决定组织评选优秀项目培训者。特制定本评选办法如下：

一、评选对象：参与本次培训的项目培训者。

二、评选数量：原则上以学科为单位进行评选，优秀总数不超过总数10%。

三、评选标准：

（一）热爱教育事业，为人师表，师德高尚；

（二）积极贯彻培训要求，落实各项管理责任，及时完成并反馈项目组安排的各项工作；

（三）积极参加培训，在培训过程中学习认真勤奋，态度端正，表现突出，出全勤；

（四）能主动承担培训班管理和观摩教学示范任务，踊跃发言，起到示范带头作用；

（五）参加“国培计划”培训学习后，主动承担培训任务，举办讲座，示范课等；

（六）能把参加“国培计划”培训学习到的技能灵活用于日常教学活动中，勇于探索实践，不断提高教学质量，成绩突出，深受学生爱戴。

四、评选程序

1. 各学科应根据结合本区承担“国培”计划任务完成情况和参加“国培”计划培训者培训的学习情况，推荐本区的“国培”计划优秀项目培训者，按名额分配组织申报工作。

2. 填写申报表，申报材料要求事迹真实，数据详实（要求附有相关内容的原始材料或复印件）。

3. 区项目办根据申报材料进行评选。

本着公开、公平、公正的原则，精心组织安排，以便激励先进鞭策后进，充分发挥“国培”计划的示范引领作用。

江阳区国培计划项目办

2018年4月

（2）对参培教师的评价。

对参培训教师的评价，从出勤情况、课堂表现、任务完成、改进教学、形成成果、自我评价等方面进行（表3-4）。

表 3-4 对参培教师的评价

评价指标	考察点
出勤情况	缺勤超过三分之一者考核不合格，缺交考核材料者不合格
课堂表现	学员在课堂上参与学习活动的积极性
任务完成	参与诊断示范环节的积极性与行为，明确自身课堂教学存在的突出问题及研修任务的情况，基于教学改进的个人研修计划的制订情况与质量
改进教学	参与研课磨课的积极性与行为，借鉴示范课例优化教学设计的行为与质量，将培训所学用于课堂实践提升课堂教学实效的行为与效果
形成成果	在培训中形成的教学设计修订稿、过程感悟、心得体会、经验总结、论文等个人成果的丰富性，参与"说课、上课、评课、微课例、微案例、微故事"等展示活动的行为、效果与资料
自我评价	对参培过程进行自我评价，提炼个人经验，改进目标明确，制订下一步研修计划

（3）对学科专题培训效果的评价。

参培教师对专题培训的课程和授课教师进行评价。培训的内容要有针对性，课程为满足教师的需求而设计；培训的目标要具体、可操作、可达成、可检测；授课教师的授课方式要有可借鉴性，方法能为教师所接受。可以采用问卷的形式，在每个专题讲完后进行评价。授课教师根据问卷的结果及时调整内容，以达到最好的效果。

专题培训效果评价问卷

本评价问卷旨在对专题教学效果进行评价，更好地完善教师培训工作，请您完整而诚实地回答，谢谢您的合作！

1. 专题名称：__________ 2. 培训日期：__________

3. 主讲教师：__________ 4. 培训地点：__________

5. 专题教学（多选）：____________________

①本课程富有趣味；②学习本课程对我的工作有帮助；③课程内容实用，易于学习；④授课教师课前准备充分；⑤授课教师

讲授条理清晰；⑥授课教师运用媒体得当；⑦学员参与度高，有学习热情；⑧对教学效果满意。

6. 班级事务：________________________

①行政班主任考勤工作严格，态度和蔼；②后勤班主任落实送教团队交通、工作餐；③班主任能为学员服好务。

（4）对基层学校的评价。

针对基层学校采取“回访式跟踪评价”的方式，主要从参培学员的参培情况、学校的支持力度、学校参培学员教学行为的变化、学员辐射影响作用的发挥等层面评价学校。

乡村学校在接受培训之后，要将培训纳入校本研修规划，要会同送教团队做好诊断示范、研课磨课、成果展示、总结提升等环节的送教工作。在对基层学校进行评价时，从以下角度考量：①做好送教活动的相关组织与后勤保障工作，采取有效措施，帮助参培教师解决工学冲突等矛盾；②指导、督促、激励参培教师积极参加送教活动，主动接受诊断，按要求完成观摩示范课、研课磨课、成果展示、总结提升等环节的任务和资料，做好参培教师的过程监管与绩效评估；③做好受培工作的总结，整理、提炼参培教师的生成性资源、成果并推广应用；④及时向送培项目组反馈相关信息，提出工作改进建议。详细评价考核见表 3-5。

表 3-5 对基层学校的评价考核

评价指标	考 察 点
制订计划	制订校本实施计划，将送教下乡和校本研修有机整合、纳入学校工作规划，落实送教方案
组织实施	主动调整学校管理机制，采取有效措施，协助送教团队做好诊断、示范、研课磨课、成果展示、总结提升等环节的工作，找到、找准要解决的真问题，督促工作落实和任务完成
资源建设	收集整理送教过程中的资源，筛选、提炼出优秀成果，形成校本研修的课程资源，按要求上报并推广应用

表3-5(续)

评价指标	考　察　点
培训总结	及时总结本校送教下乡培训实施工作，督促参培教师做好阶段和全面的总结提升工作
评估监管	采取有效措施对本校学科组和教师的参培过程进行监管和考核评估，引导送教活动的顺利开展
培训效果	本校参培教师按要求积极参与送教活动，阶段与总体目标达成度好，教师的教学技能和教学质量提升显著

江阳区“国培计划（2017）”优秀学校评选办法

为积累江阳区“国培计划2017”培训经验和成果，表彰在国培项目培训中成绩突出的优秀学校，特制定江阳区“国培计划（2017）”中西部项目县江阳区优秀学校评选办法。

一、评选范围

参与江阳区“国培计划2017”培训的全区中乡镇小学学校。

二、评选方式：学校申报+国培项目办审核。

三、评选条件：

（一）学校领导高度重视，积极指导并支持本校国培学员参加国培学习，将国培学员的学习情况纳入学员年度考核范围。

（二）学校积极为国培送教提供场地，做好完善的后勤服务工作，为学员提供秩序井然、环境整洁的学习环境，受到学员的好评。

（三）学校的参培学员能自觉遵守各项管理制度，如出勤制度，能做到不迟到、不早退，有特殊情况严格履行请假手续，认真参加每一次国培学习，保质保量完成学习任务。

（四）学校的参培学员在学习中表现突出，积极担任国培班委和组长，参与诊断和展示，在国培学习期间提炼成果，成绩显著。

（五）运用国培成果，积极开展卓有成效、主题鲜明的校本研修活动，

四、评选程序及材料报送要求

1. 各校根据优秀学校评选条件自行申报，并填写“江阳区

‘国培计划2017’优秀学校申报表”（一式两份），并撰写先进集体材料（不少于2 000字），同时报送电子文档。

3. 申报情况经单位审核、公示无异议后，学校校长签字并加盖公章，上报区国培项目办公室。

4. 在学校申报的基础上，由区国培项目办对申报学校进行全面评审考核，广泛征求意见，确保业绩材料真实可靠，提出优秀学校建议名单报区国培项目领导组审核。

5. 公示期满，由区国培项目领导组审核，进行不少于3天的公示。公示无异议，由区国培领导组进行表彰。

附件：

江阳区“国培计划（2017）”优秀学校申报表

江阳区国培项目办公室

2018年2月22日

【附件】

江阳区“国培计划（2017）”优秀学校申报表

学校名称	
在江阳区“国培计划（2017）”工作中的突出表现（500字以内）	
学校意见	学校盖章：＿＿＿＿＿

2. 乡村教师工作坊研修的评价

乡村教师工作坊的评价，主要是评工作坊运行情况，工作坊坊主、骨干教师、指导专家尽职情况，各坊学员的学习情况，全面的评价应该有对各个方面的评价标准、评价方式及评价结果的运用。

按表3-6和表3-7的评价指标与评价方式方法，对乡村教师工作坊各坊主与骨干教师进行评价，评出优秀，进行奖励。

在评价时，既关注各坊主与骨干教师对学员研修的过程组织，也关注各坊做出的研修成果；既关注检查机构对各坊的督查结果，也关注各坊形成的研修情况自我反思。

表 3-6　泸州市江阳区优秀乡村教师工作坊评价标准

一级指标	评价分值	二级指标	评价方式方法	得分
组织建构	5	工作坊组织机构完善，成员信息登记齐全	查看《泸州市江阳区乡村教师××工作坊基本信息表》	
工作坊设计	5	工作坊研修理念、研修主题、特色打造、研修目标明确，两年研修内容设计清楚	查看《泸州市江阳区乡村教师××工作坊基本信息表》	
坊主与骨干教师履职	10	坊主与骨干教师认真履行工作职责，及时而保质保量地完成区工作坊管理机构布置的任务，提交资料不拖沓	查看江阳区乡村教师工作坊管理机构记载	
网络研修	20	网络研修全员注册，全面完成网络研修任务	查看乡村教师工作坊研修网络数据	
线下研修	10	线下研修活动内容设计恰当，组织有序，考核严格，学员全员积极参与活动，研修任务完成好	查看有关记载。查看工作坊研修简报	
内部管理	10	坊主与骨干教师组建了坊内学习小组，建立了小组间的合作竞争机制；指导本坊学员形成实践成果，提炼、汇聚、加工优秀成果；做好本坊学员的监管评估工作；及时发掘“好小组、好学员、好成果”，做好了典型经验、先进做法的总结宣传推广	查看由工作坊提供的相应资料	
研修成果	40	所编撰的研修成果实用性强，原创度高，内容丰富，提交资料及时	查看工作坊提供的成果资料，审读成果	

表 3-7　泸州市江阳区乡村教师工作坊优秀坊主与骨干教师评价标准

一级指标	评价分值	二级指标	评价方式方法	得分
工作坊设计与组织建设、制度建设	10	1. 按全区的统一要求做好工作坊的整体设计（工作坊名称个性化，理念或口号明确，研修主题、特色打造方向和研修目标清晰等） 2. 工作坊内容内部组织建设符合要求，特别是有完善小组建设 3. 工作坊制度完善，形成本坊的研修竞争与激励机制	查看相关的文本材料	
研修方案与计划拟订	10	1. 制定出本坊两年的研修方案 2. 按时段完成了本坊研修计划的拟订	查看相关的文本材料	
组织研修活动	30	1. 做好本坊活动的严格考勤 2. 做好相应的学术讲座与整体化的研修指导 3. 组织好线上研修，带头学好 4. 线下集中研修具体活动分工明确，任务落实，活动运行良好 5. 线上线下研修，对活动过程做好了及时调控 6. 线上线下研修，对本坊学员进行了个性化指导	查考勤签到表 查看相关的讲座资料，现场活动照片等 查看研修网络信息 查看教研培训中心的巡视记载 查看工作坊研修简报 访问学员	
研修成果	30	1. 按预设完成了研修成果的撰写或开发 2. 研修成果实用性强，原创度高，内容丰富 3. 成果汇总好，资料提交及时	查看教研培训中心的资料搜集记载，审查成果内容	

表3-7(续)

一级指标	评价分值	二级指标	评价方式方法	得分
学习小组与学员的评价	10	1. 有小组的评比标准，实施小组的研修评价 2. 做好本坊学员的监管评估工作，及时评出本坊的优秀学员	查看相关资料 查看教研培训中心的相关记载	
总结与宣传	10	1. 按要求及时做好了本坊的研修总结 2. 及时发掘“好小组、好学员、好成果”，做好了典型经验、先进做法的总结宣传推广		

3. 网络研修与校本研修整合的评价

对网络研修与校本研修整合的评价，区级层面出台相关的评估方案和评估细则，包括评估的对象、评估内容等。

江阳区校本研修合格（示范）学校

评估方案（试行）

按照国务院《关于基础教育改革与发展的决定》和教育部《基础教育课程改革纲要（试行）》，以及四川省教育厅《关于进一步加强中小学校本研修工作的意见》精神，根据泸州市教育局《关于进一步深化中小学校本研修工作的实施意见》（泸教局发〔2015〕58号）文件要求，为了进一步推动我区学校校本研修工作，树立校本研修优秀典型，加快校本研修示范学校的建设，促进全区教育事业又好又快发展，我区特制定本方案。

一、指导思想

校本研修是一种以学校为基地，以解决教育教学现实问题为主要内容，将研究、培训、实践与反思融为一体的教师自主专业发展活动。校本研修以促进教师专业发展、学生素质发展和学校可持续发展为价值取向，倡导经验反思与行动研究相结合、自主探究和专业引领相结合的全员参与的教师教育方式。

二、评估内容

评估从校本研修的组织管理、活动开展、成果成效、特色亮点四个方面进行，内容详见“江阳区校本研修合格学校（示范校）评估指标”（表3-8）。

三、评估对象

江阳区所有中小学、幼儿园（含职高、民办学校）。

四、评估办法

1. 自评。凡规划当年评建“江阳区校本研修合格学校”“江阳区校本研修示范学校”的单位，在9月底对照本评估方案进行自评，并完成量化打分。

2. 复评。每年10月，区教育局依据本方案对申报学校上学年度的校本研修工作进行评估验收。

3. 校本研修示范校评估实行一票否决。

凡有以下（2）和（4）情况之一者，不能评估认定为江阳区校本研修合格学校。凡有以下情况之一的学校，不能评估认定为江阳区校本研修示范校。

（1）教师继续教育学时本年度有1%以上在职教师不达标。

（2）本学年度素质教育督导评估未获一等奖及以上。

（3）三年内无区级教学竞赛二等奖及以上或区级及以上科研课题研究。

（4）本年度内有严重违反教师职业道德行为的。

五、评估结果

1. 评估结论。评估总分为100分，评估得分在90分以上且无一项一票否决者，由区教育局授予“江阳区校本研修示范校”称号。并由区教育局择优向市教育局推荐参加“市校本研修示范校”评估认定。评估得分在80分以上90分以下且无一项一票否决者，由区教育局授予“江阳区校本研修合格学校”称号。

表3-8(续)

一级指标	二级指标	三级指标	评估方式	自评得分	审核得分
	B_{11} 其它成果 （5分）	C_{28}有符合自身学校实际的校本课程和校本教材，实施效果好（4分） C_{29}上一学年获得与校本研修直接相关的区、县级及以上荣誉或被区级及以上媒体宣传报道（1分）	查资料、座谈		
A_4 特色亮点 （5分）	B_{12} 校本特色 （5分）	C_{30}开展很有创意和特别富有个性的校本研修工作，由区评估组评审认定（5分）	查资料、访谈		

三、评价结果运用

实施“国培”计划项目，是国家实现教育均衡发展的一项重要举措，实施国培归根结底就是要以促进乡村教师发展来助推乡村教育发展。基于此，国培评价要坚持“为了每一位乡村教师的发展”的评价理念，为乡村教师的专业发展做出评价。国培项目整个评价过程具有复杂性和多变性，影响因素多，所以，我们坚持以定性评价和定量评价相结合的方式来推进评价过程，努力确保评价结果的完整性和准确性，为课堂改进提供科学的依据。

根据评价结果，让校本研修成为常态，基层学校努力打造本校特有的校本研修，让每一所乡镇学校成为帮助每一位乡村教师获得专业成长的学校，让日常教学中每一件事、每一节课都成为教师成长的“真实情境”。国培学习后，学员把培训所得带回学校，并将国培与学校校本教研、师培工作相结合，最终实现“1+1+1>3”的目的。

参考文献

教育部教师工作司，2013.《小学教师专业标准（试行）》解读［M］. 北京：北京师范大学出版社.

教育部教师工作司，2013.《中学教师专业标准（试行）》解读［M］. 北京：北京师范大学出版社.

谭念君，2018. 名师工作室引领下的教师专业成长［M］北京：中国轻工业出版社.

高琛，2019. 众师行：特色教师工作室的实践与探索［M］. 沈阳：辽宁人民出版社.

王冬凌，2011. 建构教师培训效果评估模式：内涵与策略［J］. 大连教育学院学报（12）.

彭赟，2007. 基于新农村建设的农村教师队伍建设［J］. 安徽农业科学（28）.

朱福荣，2016. 送教下乡培训的理论与实践［M］. 重庆：西南师范大学出版社.